고려대 재미있는 한국어

읽기 Reading

고려대학교 한국어센터 편

4

KU PRESS
고려대학교출판문화원

고려대학교 한국어센터는 1986년 설립된 이래 한국어와 한국 문화를 재미있게 배우고 효과적으로 가르치는 방법을 연구해 왔습니다. 《고려대 한국어》와 《고려대 재미있는 한국어》는 한국어센터에서 내놓는 세 번째 교재로 그동안 쌓아 온 연구 및 교수 학습의 성과를 바탕으로 하고 있습니다.

이 책의 가장 큰 특징은 한국어를 처음 접하는 학습자도 쉽게 배워서 바로 사용할 수 있도록 구성했다는 점입니다. 한국어 환경에서 자주 쓰이는 항목을 최우선하여 선정하고 이 항목을 학습자가 교실 밖에서 사용할 수 있도록 연습 기회를 충분히 그리고 다양하게 제공하고 있습니다.

이 책을 내기까지 많은 분들의 도움을 받았습니다. 먼저 지금까지 고려대학교 한국어센터에서 한국어를 공부한 학습자들께 감사드립니다. 쉽고 재미있는 한국어 교수 학습에 대한 학습자들의 다양한 요구가 없었다면 이 책은 나오지 못했을 것입니다. 그리고 한국어 학습자들의 요구에 부응하기 위해 열정적으로 교육과 연구에 헌신하고 계신 고려대학교 한국어센터의 선생님들께도 감사드립니다.

무엇보다 한국어 학습자와 한국어 교원의 요구 그리고 한국어 교수 학습 환경을 종합적으로 고려한 최상의 한국어 교재를 위해 밤낮으로 고민하고 집필에 매진하신 저자분들께 깊은 감사를 드립니다. 이 밖에도 이 책이 보다 멋진 모습을 갖출 수 있도록 도와주신 고려대학교 출판문화원의 김상용 원장님과 직원 여러분께도 감사드립니다. 그리고 집필진과 출판문화원의 요구를 수용하여 이 교재에 맵시를 입히고 멋을 더해 주신 랭기지플러스의 편집 및 디자인 전문가, 삽화가의 노고에도 깊은 경의를 표합니다.

부디 이 책이 쉽고 재미있게 한국어를 배우고자 하는 한국어 학습자와 효과적으로 한국어를 가르치고자 하는 한국어 교원 모두에게 도움이 되기를 바랍니다. 또한 앞으로 한국어 교육의 내용과 방향을 선도하는 역할도 아울러 할 수 있게 되기를 희망합니다.

2021년 11월

국제어학원장 김정숙

이 책의 특징

《고려대 한국어》와 《고려대 재미있는 한국어》는 '형태를 고려한 과제 중심 접근 방법'에 따라 개발된 교재입니다. 《고려대 한국어》는 언어 항목, 언어 기능, 문화 등이 통합된 교재이고, 《고려대 재미있는 한국어》는 말하기, 듣기, 읽기, 쓰기로 분리된 기능 교재입니다.

《고려대 한국어》 4A와 4B가 100시간 분량, 《고려대 재미있는 한국어》 말하기, 듣기, 읽기, 쓰기가 100시간 분량의 교육 내용을 담고 있습니다. 200시간의 정규 교육 과정에서는 여섯 권의 책을 모두 사용하고, 100시간 정도의 단기 교육 과정이나 해외 대학 등의 한국어 강의에서는 강의의 목적이나 학습자의 요구에 맞는 교재를 선택하여 사용할 수 있습니다.

<고려대 재미있는 한국어>의 특징

▶ **한국어 사용 환경에 놓이지 않은 학습자도 쉽게 배울 수 있습니다.**
- 성취 수준을 한국어 표준 교육 과정에 맞췄습니다. 한국어를 정확하고 유창하게 사용하는 것이 목표입니다.
- 주제 및 의사소통 기능과 관련된 다양하고 풍부한 입력을 제공하여 충실하게 의사소통 활동을 할 수 있습니다.
- 학습자가 필요로 하는 표현을 제시하고 연습하는 단계를 마련하여 학습한 내용의 이해에 그치지 않고 바로 사용할 수 있습니다.

▶ **학습자의 동기를 이끄는 즐겁고 재미있는 교재입니다.**
- 한국어 학습자가 가장 많이 접하고 흥미로워하는 주제와 의사소통 기능을 다룹니다.
- 한국어 학습자의 특성과 요구를 반영하여 실제적인 자료를 제시하고 유의미한 과제 활동을 마련했습니다.
- 한국인의 언어생활, 언어 사용 환경의 변화를 발 빠르게 반영했습니다.
- 친근하고 생동감 있는 삽화와 입체적이고 감각적인 디자인으로 학습의 재미를 더합니다.

<고려대 재미있는 한국어 4>의 구성

▶ 말하기 15단원, 듣기 13단원, 읽기 13단원, 쓰기 13단원으로 구성하였으며 한 단원은 내용에 따라 1~4시간이 소요됩니다.

▶ 각 기능별 단원 구성은 아래와 같습니다.

말하기	도입	배워요 1~2	말해요 1~3	자기 평가
	학습 목표 생각해 봐요	주제, 기능 수행에 필요한 어휘와 문법 제시 및 연습	• 유의적 연습 • 의사소통 말하기 과제	

듣기	도입	들어요 1	들어요 2~3	자기 평가	더 들어요
	학습 목표 생각해 봐요	어휘나 표현에 집중한 부분 듣기	주제, 기능과 관련된 다양한 듣기		표현, 기능 등이 확장된 듣기

읽기	도입	읽어요 1	읽어요 2~3	자기 평가	더 읽어요
	학습 목표 생각해 봐요	어휘나 표현에 집중한 부분 읽기	주제, 기능과 관련된 다양한 읽기		표현, 기능 등이 확장된 읽기

쓰기	도입	써요 1	써요 2	자기 평가
	학습 목표	어휘나 표현에 집중한 문장 단위 쓰기	주제, 기능에 맞는 담화 차원의 쓰기	

▶ 교재의 앞부분에는 '이 책의 특징'을 배치했고, 교재의 뒷부분에는 '정답'과 '듣기 지문'을 부록으로 넣었습니다.

▶ 모든 듣기는 MP3 파일 형태로 내려받아 들을 수 있습니다.

<고려대 재미있는 한국어 4>의 목표

소식과 정보, 엔터테인먼트, 취업, 사건·사고, 사회 변화 등 친숙한 사회적, 추상적 주제를 이해하고 표현할 수 있습니다. 제품의 문제 설명하기, 소식 전달하기, 조사 결과 설명하기 등 사회적 의사소통 기능을 정교하게 수행할 수 있습니다.

이 책의 특징

단원 제목

• 단원의 제목입니다.

학습 목표

• 단원의 의사소통 목표입니다.

생각해 봐요

• 그림이나 사진을 보며 단원의 주제 또는 기능을 생각해 봅니다.

읽어요 2, 3

• 단원의 주제와 기능이 구현된 담화 단위의 의사소통적 읽기 과제 활동입니다.

• 읽어요 2와 3은 담화의 내용, 필자의 태도, 격식, 텍스트 장르 등에 차이를 두었습니다.

1 다음을 읽고 관련 있는 사진을 고르십시오.

1) 이 새는 사람들이 사는 곳 근처에서 쉽게 볼 수 있다. 전체적으로 까만 깃털로 덮여 있지만 배와 날개 부분은 하얗다. ....

2) 몸길이 1.2~8cm 정도 되는 작은 곤충이다. 날개가 잘 발달되어 있어서 날기에 적합하다. 여름이 되면 이 곤충이 우는 소리 때문에 잠을 잘 수 없을 정도이다. ....

3) 나는 바다에 사는 포유동물이에요. 내 몸은 진한 갈색이나 검은색 털로 뒤덮여 있어요. 머리와 몸 전체가 둥글둥글하게 생겼어요. 배를 하늘 쪽으로 보이게 물에 누워서 조개를 먹기도 하고, 잠을 자기도 해요. ....

4) 비늘로 덮인 딱딱한 몸, 강하고 굵은 꼬리, 긴 주둥이와 뾰족한 이빨! 조심하세요. 물속에 숨어서 먹이를 찾고 있어요. 상어냐고요? 아니요. 전 상어와 달리 짧은 앞다리 2개, 뒷다리 2개가 있어요. ....

① ② ③ ④

⑤ ⑥ ⑦ ⑧

읽어요 1

- 단원의 주제를 표현하거나 기능을 수행하는 데 필요한 어휘 및 문법 표현에 초점을 둔 읽기 연습 활동입니다.
- 짧은 단락 단위의 읽기입니다.

---

2 다시 읽고 읽은 내용대로 행동한 사람을 고르십시오.

① 결혼하는 친구에게 축의금으로 십만 원을 줬다.

② 문상을 가서 돌아가신 분의 가족에게 두 번 절했다.

③ 장례식장에 들어갈 때 조용히 '안녕하세요!'라고 인사했다.

| 문화 차이에 대한 글을 읽고 이해할 수 있습니까? | ☆☆☆☆☆ |

 더 읽어요

● 다음을 읽고 어느 명절에 대한 설명인지 맞는 것에 ✔표를 하십시오.

한국에서는 설날과 추석이 가장 큰 명절이다. 설날과 추석에는 3일간 쉬는데 한국인들은 이 연휴에 고향을 방문해 가족과 친척들을 만나서 함께 시간을 보낸다.

설날은 새해가 시작되는 날로 보통 가족, 친척들과 함께 모여 새해 인사를 나누고 차례를 지낸다. 설날 아침에 어른들께 '새해 복 많이 받으세요'라고 말하며 새해 인사를 드리는데 이것을 세배라고 한다. 세배를 받은 어른은 한 해를 잘 보내라는 덕담을 하며 세뱃돈을 준다. 떡국을 먹고 윷놀이와 같은 민속놀이를 하기도 한다.

추석은 가을에 있는 명절로 한 해 농사에 감사하는 날이다. '한가위'라고도 부른다. 추석에는 그해에 농사 지은 쌀로 만든 송편이라는 떡을 먹고 그해의 농사가 잘되었음을 조상에게 감사한다는 의미로 차례를 지낸다. 저녁에는 보름달을 보며 소원을 빌기도 한다.

1) 어른들께 세배를 하고 세뱃돈을 받는다. [ ] 설날 [ ] 추석

2) 농사가 잘된 것에 감사하며 쌀로 만든 송편을 먹는다. [ ] 설날 [ ] 추석

자기 평가

- 학습 목표의 달성 여부를 학습자가 스스로 점검합니다.

더 읽어요

- 확장된 읽기 과제 활동입니다.
- 주제와 기능이 달라지거나 실제성이 강조된 읽기입니다.
- 단원의 성취 수준을 다소 상회하는 수준의 읽기로 단원의 목표에는 포함되지 않습니다. 학습자 수준에 따라 선택적으로 활동을 합니다.

읽기

차례

읽기 1
진로

 진로에 대한 글을 읽고 이해할 수 있다.

 생각해 봐요

● 다음을 보고 이 사람은 무슨 고민이 있는지 이야기하십시오.

지식N

Q 앞으로 뭘 해야 할지 모르겠어요.

고등학교 1학년 때까지 그림을 그리다가 그만두었는데 대학 진학을 어떻게 할지...
미대는 안 가도 미술 쪽 일을 계속하고 싶긴 해요.

💬 1   [?]   ⋮

A 1개

jyjh*** 님 답변
초인 · 채택답변수 237

진로 때문에 고민이 많으신가 봐요. 미술 쪽이라고 해도 길이 다양해서 혼자 결정하기
어려우실 거예요.
요즘엔 진로 관련 사이트들이 잘되어 있던데 그런 곳의 도움을 받아 보시는 건 어떠세요?
참고할 만한 사이트 주소 남깁니다.

읽어요 1

1 다음을 읽고 이 사람에게 맞는 직업이나 업계를 고르십시오.

1) 뮤지컬이나 연극에 관심이 많다. 직접 연기를 하기보다 국내외의 좋은 작품을 찾아 이를 대중에게 소개하는 일을 하고 싶다.

2) 몸이 아프거나 불편한 사람들을 치료하는 사람이 되고 싶다. 경제적으로 어려운 사람에게 무료로 도움을 주는 봉사 활동도 하고 싶다.

3) 창의력과 상상력이 뛰어난 편이다. 다른 사람이 재미와 흥미를 느낄 수 있도록 머릿속의 생각을 글로 잘 표현할 수 있다.

4) 우리가 안전하고 편안하게 살 수 있는 건 법이 있기 때문이다. 법에 대한 전문 지식을 쌓아 올바른 해결 방법을 제시하는 사람이 되고 싶다.

① 경찰　　　　　　② 소설가　　　　　　③ 법조계

④ 방송계　　　　　　⑤ 의료계　　　　　　⑥ 공연 기획자

 ## 읽어요 2

● 다음은 직업인과의 인터뷰입니다. 잘 읽고 질문에 답하십시오.

반려동물 훈련사는 어떤 일을 하나요?

 반려동물 훈련사는 반려동물이 사람을 물거나 공격하는 등의 이상 행동을 할 때 왜 그러는지 원인을 파악하고 교육을 통해 공격적인 성향을 줄여 주는 일을 합니다. 그리고 필요할 때는 반려동물 보호자를 대상으로 교육하기도 합니다.

반려동물 훈련사가 되기 위한 특별한 자격이나 조건이 있나요?

 자격까지는 아니지만 실제로 반려동물이 어떻게 생각하고 행동하는지 이해하기 위해서는 직접 일을 해 보는 실습이 꼭 필요합니다. 반려동물 관련 학과에 진학하면 실습의 기회를 좀 더 쉽게 얻을 수 있으니까 관련 학과로의 진학을 생각해 보는 것도 좋을 것 같습니다.

이 일을 시작하려는 사람에게 조언을 해 주신다면요?

 최근 반려동물과 반려동물 훈련사에 대한 관심이 높아지면서 '나도 동물을 사랑하니까 한번 해 볼까?'라고 쉽게 생각하시는 분들이 있습니다. 동물을 사랑하는 마음으로 시작할 수는 있겠지만 이 직업은 오랜 시간 지식과 경험을 쌓아야만 잘할 수 있는 직업입니다. 반려동물의 이상 행동은 그 경우가 너무 다양해서 경험이 부족하면 해결하기 어렵기 때문이지요. 그러니까 이 일을 시작하신다면 동물을 사랑하는 만큼 끈기 있게, 꾸준하게 해야 한다는 것을 말씀드리고 싶습니다.

1 읽은 내용과 같은 것을 고르십시오.

① 요즘 반려동물 훈련사의 인기가 높아지고 있다.

② 반려동물 관련 학과에는 실습 과정이 없다.

③ 반려동물 훈련사는 주로 반려동물 보호자를 교육한다.

2 이 전문가는 반려동물 훈련사에게 가장 중요한 것이 무엇이라고 했습니까? 고르십시오.

① 동물을 사랑하는 마음

② 일을 계속할 수 있는 꾸준함

③ 관련 학과에서 쌓는 전문 지식

 읽어요 3

● 다음은 대학 입학 지원자가 쓴 자기소개서의 일부입니다. 잘 읽고 질문에 답하십시오.

1. 우리 대학교에 지원한 동기는 무엇입니까? 해당 전공에 지원한 이유는 무엇인가요? (1,000자 이내)

　저는 드라마 PD라는 꿈을 이루기 위해 고려대학교 미디어학부에 지원하게 되었습니다. 제가 중학교에 다닐 때 우리 나라에서 한국 드라마가 유행하기 시작했습니다. 그래서 저도 한국 드라마를 보게 되었습니다. 제가 한국 드라마를 처음 봤을 때의 놀라움은 지금도 잊을 수 없습니다. 한국 드라마에는 제가 그동안 봤던 드라마와는 다른 창의성이 있었습니다. 이런 드라마를 누가, 어떻게 만들었을까 궁금해졌습니다. 한국 드라마를 보면서 드라마 제작에 관심이 생긴 저는 드라마를 직접 만드는 사람이 되어야겠다는 꿈을 꾸게 되었습니다. 그리고 저를 드라마의 세계로 이끈 한국에서 공부를 한다면 더욱 좋을 것이라고 생각해서 이렇게 한국으로의 유학을 결심하게 되었습니다.

　한국 유학을 결심하기는 했지만 어느 대학에 진학할지는 아직 정하지 못하고 있었습니다. 저는 좋은 선택을 하기 위해서 한국 대학의 미디어학부 홈페이지를 열심히 살펴봤습니다. 그 결과 제 꿈을 이룰 수 있는 최고의 대학은 고려대학교 미디어학부라고 결론 내렸습니다. 학생 간 교류를 중심으로 하는 고려대학교의 창의적인 교육 과정이 저와 잘 맞을 것이라고 판단했기 때문입니다. 한국 드라마의 창의성에 반하고, 혼자 하는 활동보다 다른 사람과 소통하며 함께하는 활동을 더 선호하는 저에게 고려대학교 교육 과정보다 더 잘 맞는 교육 과정은 없을 것이라고 생각합니다. 그리고 고려대학교에 가면 최고의 인재로 성장할 수 있을 것이라고 추천한 분이 많았다는 것도 제가 고려대학교를 선택한 이유가 되었습니다. 고려대학교에서 꿈을 펼칠 기회가 주어지기를 바랍니다.

1 지원자에 대해 알 수 <u>없는</u> 것을 고르십시오.

    ① 장래 희망   ② 취미와 특기   ③ 학과 선택 이유

2 다시 읽고 이 지원자에 대한 설명으로 맞는 것을 고르십시오.

    ① 한국 드라마가 창의적이라고 생각한다.

    ② 혼자서 일을 하는 것이 적성에 맞는 사람이다.

    ③ 학교 선택 시 사람들의 의견을 가장 중요하게 생각했다.

진로에 대한 글을 읽고 이해할 수 있습니까?	☆ ☆ ☆ ☆ ☆

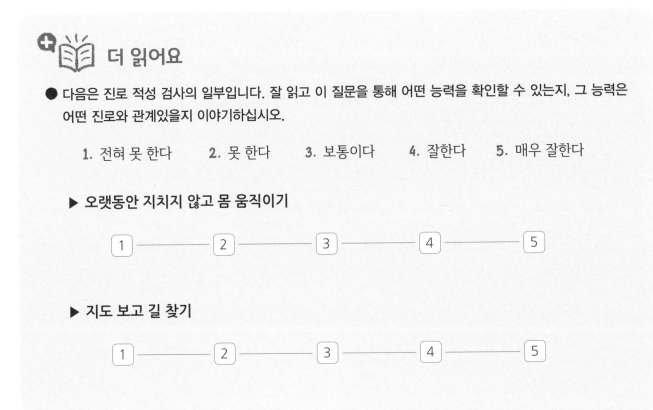

📖 **더 읽어요**

● 다음은 진로 적성 검사의 일부입니다. 잘 읽고 이 질문을 통해 어떤 능력을 확인할 수 있는지, 그 능력은 어떤 진로와 관계있을지 이야기하십시오.

    1. 전혀 못 한다   2. 못 한다   3. 보통이다   4. 잘한다   5. 매우 잘한다

▶ **오랫동안 지치지 않고 몸 움직이기**

    1 ——— 2 ——— 3 ——— 4 ——— 5

▶ **지도 보고 길 찾기**

    1 ——— 2 ——— 3 ——— 4 ——— 5

▶ 음악을 듣고 음의 높고 낮음, 길고 짧음을 구분하기

1 ——— 2 ——— 3 ——— 4 ——— 5

▶ 짧은 시간에 많은 아이디어 생각해 내기

1 ——— 2 ——— 3 ——— 4 ——— 5

▶ 감정과 기분을 다른 사람에게 말로 잘 전달하기

1 ——— 2 ——— 3 ——— 4 ——— 5

▶ 복잡한 계산을 정확하게 하기

1 ——— 2 ——— 3 ——— 4 ——— 5

▶ 자신이 무슨 생각을 하고 있는지 알아차리기

1 ——— 2 ——— 3 ——— 4 ——— 5

▶ 친구와 오랫동안 사귀기

1 ——— 2 ——— 3 ——— 4 ——— 5

▶ 동식물에 관한 프로그램을 관심 있게 보기

1 ——— 2 ——— 3 ——— 4 ——— 5

읽기 2
소식과 정보

 소식과 정보를 전하는 글을 읽고 이해할 수 있다.

 생각해 봐요

● 다음을 보고 어떤 정보를 알 수 있는지 이야기하십시오.

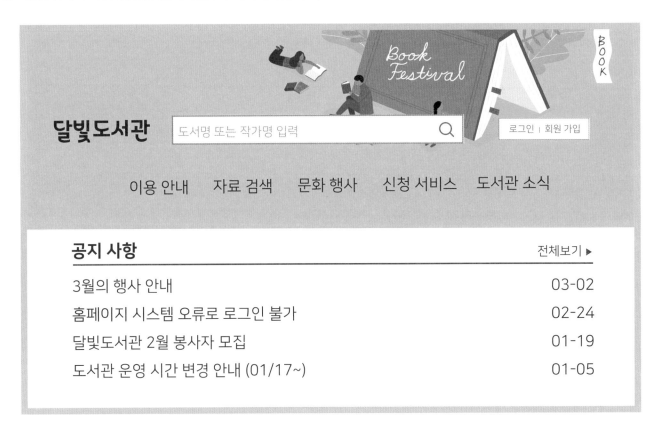

달빛도서관   도서명 또는 작가명 입력   🔍   로그인 | 회원 가입

이용 안내   자료 검색   문화 행사   신청 서비스   도서관 소식

공지 사항	전체보기 ▶
3월의 행사 안내	03-02
홈페이지 시스템 오류로 로그인 불가	02-24
달빛도서관 2월 봉사자 모집	01-19
도서관 운영 시간 변경 안내 (01/17~)	01-05

 읽어요 1

1 다음을 읽고 관련 있는 것을 고르십시오.

[Web발신]
[한국대학교] 태풍으로 오늘 (10월 5일) 수업은 없습니다. 보강은 다시 안내하겠습니다.

정민 ♡ 다솔
우리 두 사람 사랑으로 하나가 되려고 합니다.

일시: 20XX.5.18. 13:00
장소: 안암 교우회관

초대장 보기   위치 보기

1) _____

2) _____

[술술 영어 말하기 고급반]
일시: 8/2(월) 오전 10시
강의실: 3층 308호

*강의 첫날은 많이 복잡하니 수강료 납부와 교재 구입은 미리 해 주시기 바랍니다.

① 결혼   ② 개강

③ 시험   ④ 종강

⑤ 출산   ⑥ 휴강

3) _____

📖 읽어요 2

● 다음은 모집 공고문입니다. 잘 읽고 질문에 답하십시오.

강릉 홍보 도우미

강릉 여행의 매력을 SNS에 홍보해 주세요!

[모집 대상]　강릉에 거주하는 만 19~29세의 외국인
　　　　　　　개인 SNS 계정이 있는 사람 우대

[모집 인원]　30명 내외

[모집 기간]　4월 10일 ~ 4월 16일
　　　　　　　*인원 미달 시 기간 연장 가능

[문 의] 강릉관광개발공사 홈페이지

1 강릉 홍보 도우미의 지원 자격이 되는 사람을 고르십시오.

① 여행하는 것이 취미인 29살의 한국인

② 강릉에 살고 있는 20대 일본인

③ 외국인 SNS 친구가 많은 고등학생

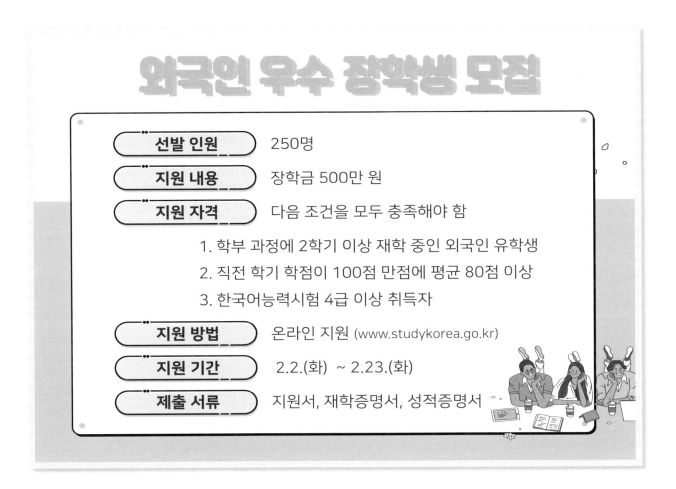

외국인 우수 장학생 모집

선발 인원	250명
지원 내용	장학금 500만 원
지원 자격	다음 조건을 모두 충족해야 함

    1. 학부 과정에 2학기 이상 재학 중인 외국인 유학생
    2. 직전 학기 학점이 100점 만점에 평균 80점 이상
    3. 한국어능력시험 4급 이상 취득자

지원 방법	온라인 지원 (www.studykorea.go.kr)
지원 기간	2.2.(화) ~ 2.23.(화)
제출 서류	지원서, 재학증명서, 성적증명서

2 장학생 모집 안내문의 내용과 <u>다른</u> 것을 고르십시오.

① 이번 학기에 입학한 사람도 지원할 수 있다.

② 인터넷 홈페이지에서 지원 가능하다.

③ 성적을 확인할 수 있는 서류를 제출해야 한다.

읽어요 3

● 다음은 문화 센터의 안내문입니다. 잘 읽고 질문에 답하십시오.

<안암 문화 센터> 공사에 따른 휴관 안내

안암 문화 센터의 시설 개선을 위한 공사로 휴관합니다. 공사 기간 동안 시설 이용에 불편을 드리는 점 양해 부탁드립니다. 공사 이후 더 나아진 모습으로 찾아뵐 것을 약속드리며, 원활한 공사 진행을 위해 최선을 다하겠습니다.

1. 공사 개요
　가. 공사 (㉠) : 노후된 시설의 공사를 통해 이용자 만족도를 높이고
　　　　　　　　　 고품격 공연을 열 수 있는 최고의 환경을 만들고자 함
　나. 공사 기간 : 공사 시작일로부터 5개월 (6월~10월)

2. 휴관 기간 및 세부 사항
　가. 공　연　장 : 6월 1일(토)부터 10월까지, 대관 및 이용 중지
　나. 체육 시설 : 6월 1일(토)부터 8월까지, 공사로 인한 소음·진동으로 휴관

　* 공사 일정 및 계획은 상황에 따라 변경될 수 있습니다.

05. 13.

1 무엇을 알리는 안내문인지 고르십시오.

① 이 건물을 이용할 수 없음

② 이 건물에서 새로운 공연이 열림

③ 이 건물의 공사 일정이 변경됨

2 다시 읽고 ㉠에 들어갈 알맞은 말을 고르십시오.

① 계획   ② 목적   ③ 비용   ④ 일정

소식과 정보를 전하는 글을 읽고 이해할 수 있습니까?	☆ ☆ ☆ ☆ ☆

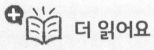 더 읽어요

● 다음은 한국어능력시험 홈페이지의 '자주 묻는 질문' 중 일부입니다. 잘 읽고 아래의 사람들이 읽어야 할 게시글의 번호를 쓰십시오.

자주 묻는 질문

제목 ∨		검색

번호	제목	작성자	작성일	조회
1	응시료 납부 방법은?	관리자	2010.05.22	16369
2	한국어능력시험 기출문제 학습 사이트 안내	관리자	2015.01.13	42882
3	수험 번호 및 수험표 출력	관리자	2015.05.27	9623
4	여행 비자로 시험 볼 수 있나요?	관리자	2015.05.28	2105
5	성적 조회 및 성적 증명서 발급 기간 안내	관리자	2018.12.31	34744

 시험 결과는 어디에서 확인할 수 있는 거죠?

_____

 시험 응시 비용을 어떻게 내야 하는지 모르겠어요.

_____

 혼자 공부하고 싶은데 예전 시험 자료 좀 구할 수 있을까요?

_____

읽기 3
제품의 문제

 구입한 물건의 문제에 대한 글을 읽고 이해할 수 있다.

 생각해 봐요

● 다음을 보고 어떤 문제 때문에 반품을 신청하는지 이야기하십시오.

< **교환·반품 신청**

단순 변심

○ 상품이 마음에 들지 않음

배송 문제

○ 배송된 장소에 상품이 없음

○ 선택한 주소가 아닌 다른 주소로 배송됨

○ 주문한 상품 중 일부 상품이 배송되지 않음

상품 문제

◉ 상품의 구성품/부속품이 들어 있지 않음

○ 상품이 설명과 다름

○ 다른 상품이 배송됨

○ 상품이 파손됨/기능 오작동

 읽어요 1

1 다음 문자 메시지를 읽고 그 내용을 전달하십시오.

1) [배송 완료] 주문하신 상품이 문 앞으로 배송되었습니다.

2) 수선 요청하신 구두가 매장에 도착하였습니다.
   방문해 주세요. 감사합니다.^^

3) 고객님! 금일 주문량이 많아 배송이 늦어질 수 있으니
   양해 부탁드립니다.

4) 반품하신 상품이 회수되었습니다. 결제하신
   금액을 곧 환불해 드리겠습니다.

5) 안녕하세요, 고객님.
   고객님께서 주문하신 상품이 재고 부족으로
   주문 취소될 예정임을 알려 드립니다.

읽어요 2

● 다음은 중고 물건 판매 사이트의 글입니다. 잘 읽고 질문에 답하십시오.

A

| 프리다 선글라스 | 150,000 원 |

- ⊙ 백화점 구입 (구입가 650,000원)
  전용 케이스, 보증서 포함!
- ⊙ 사서 몇 번 안 썼습니다.
  렌즈에 약간의 사용 흔적(스크래치) 있습니다.
- ⊙ 직접 만나서만 가능. 택배 거래 No!

B

| [정품] 프리다 선글라스 | 160,000 원 |

- ⊙ 거의 새 제품입니다. 특 A급!
  파손, 사용 흔적 전혀 없음
- ⊙ 직거래, 택배 모두 가능~
- ☆ 가격 조정은 불가합니다.

1 물건의 정보를 아래에 메모하십시오.

	A	B
가격		
구성품		
사용 흔적		
택배 가능 여부		

2 아래 메시지를 보고 구매하려는 사람이 어떤 물건을 선택했는지, 어떤 점을 중요하게 생각했는지 이야기하십시오.

안녕하세요! 혹시 팔렸나요?

아뇨. 아직 있습니다.

케이스도 있나요?

네. 사진에는 안 올렸는데 구성품 모두 있습니다.

케이스, 보증서, 안경 닦는 천까지

얼마나 사용하셨는지...궁금해요!

사실 한두 번밖에 안 썼어요.

저한테 안 어울려서 그냥 옷장에 넣어 놨었어요.

그럼, 거의 새거네요.

어디 깨지거나 사용한 흔적이 없는 거

확실하겠죠??

네, 보시면 알 거예요.

거의 새 제품이나 같아요!

그럼, 오늘 저녁 안암역 2번

출구 앞에서 만날 수 있을까요?

넵! 6시쯤 괜찮으세요?

좋아요!

구매하려는 상품	
중요하게 생각하는 것	

 읽어요 3

● 다음은 인터넷 쇼핑몰의 제품 구매 후기입니다. 잘 읽고 질문에 답하십시오.

A

우*인
★★★★★

컴퓨터 책상 1200

컴퓨터 책상으로 최고네요~!!

예쁘고 깔끔한 디자인, 튼튼하고 좋아요.
배송 빠르고 조립도 쉽고 가격도 저렴하고~
좋습니다. 잘 쓸게요!

B

Cystal*89
★★★★★

싱싱 딸기 1팩

맛도 없고 상해서 돈 아까움

비싼 딸기인데 너무 시고 다 상해서 왔어요.
웬만하면 그냥 먹겠는데 이건 안 되겠네요.
불쾌해서 반품 신청했습니다.

C

jin**
★★★☆☆

접이식 건조대, 소형

가격 대비 괜찮아요.

사용하기 무난한 제품입니다. 안 무거워서
좋지만 엄청 튼튼할 것 같지는 않아요. 주로
가벼운 빨래만 널어야겠어요. 그냥 딱 그
가격에 맞는 품질이에요. 참고하세요~

D

김**인
★☆☆☆☆

KU전자 전자레인지, 23L

이러시면 안 되죠, 기분 별로네요.

배송 예정일보다 일주일이나 지나서 왔는데
전자레인지 버튼도 약간 깨진 상태.
작동은 되니까... 반품하기 귀찮아 그냥 쓰고
있음.
별 하나도 아깝다!
제발 제대로 된 물건을 파시길...

1 읽은 내용과 <u>다른</u> 것을 고르십시오.

① A의 구매자는 구매한 제품에 만족하고 있다.

② B의 구매자는 물건이 마음에 들지 않아 다시 돌려보내려고 한다.

③ C의 구매자는 가격에 비해 제품 품질이 좋다고 생각한다.

2 D의 구매자가 이야기한 불만을 <u>모두</u> 고르십시오.

① 배송이 너무 늦었다.　　　　② 작동이 되지 않는다.

③ 제품에 파손된 부분이 있다.　　④ 반품을 제대로 해 주지 않는다.

구입한 물건의 문제에 대한 글을 읽고 이해할 수 있습니까?　☆☆☆☆☆

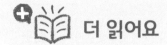 **더 읽어요**

● 다음은 제품 고장과 관련된 안내문입니다. 글을 읽고 상황에 맞게 잘 대처한 것을 고르십시오.

안심하세요! 고장이 아닙니다.

서비스 요청 전 꼭 확인하세요!

안암전자 서비스 www.anamservice.co.kr 1533-1533

 시원한 느낌이 없어요

음식물의 양이 많아 차가운 바람을 막고 있을 수 있습니다. 찬바람이 잘 통하게 음식물 양을 조절해 주시고 온도를 '강'으로 해 주세요.

 음식물이 얼어 있어요

찬바람이 나오는 구멍 앞에 음식물을 보관하면 얼 수 있습니다. 특히 수분이 많은 음식은 쉽게 얼 수 있으니 선반 앞쪽으로 옮겨 주시고, 그래도 얼면 냉장실 온도를 '약'으로 해 주세요.

 **뚝뚝, 딱, 딸깍 소리가 나요**

냉장고가 운전할 때 전기 부품들이 자동적으로 연결되고 떨어지면서 발생하는 소리이므로 고장이 아닙니다.

① 냉장고 안이 시원하지 않아 음식물의 양을 줄였다.

② 냉장실의 음식이 얼어서 음식을 더 안쪽으로 넣었다.

③ 냉장고에서 딸깍 소리가 나서 바로 서비스 요청을 했다.

유명 인사

유명 인사를 소개하는 글을 읽고 이해할 수 있다.

생각해 봐요

● 다음은 무엇에 대한 것인지, 이 사람들은 무엇으로 유명한지 이야기하십시오.

읽어요 1

1 다음을 읽고 관련 있는 항목을 골라 쓰십시오.

생애/개인 신상	업적/평가	일화	명언/어록	논란/비판

1) 1935년 11월 25일 강원도 통천군에서 아버지 정봉근과 어머니 강성희
사이의 6남 2녀 중 첫째로 태어났다.

2) 대중음악 역사상 상업적으로 가장 성공한 아티스트 중 한 명이며
대중음악 역사상 가장 위대한 음악가 중 한 명으로 꼽힌다.

3) 팬 서비스가 좋지 않은 것으로 유명한데 팬들이 말을 걸거나 사인을
부탁할 때 무시하거나 거절하는 경우가 많았다고 한다.

4) 하루는 외출을 나갔다가 갑자기 비가 내리자 쓰고 있던 모자를 벗어서
코트 안에 감추고 모자가 비에 젖지 않게 했다고 한다.

 ## 읽어요 2

● 다음은 한국에서 존경받는 인물을 소개하는 글입니다. 잘 읽고 질문에 답하십시오.

> '한국 치즈의 개척자'로 평가받는 지정환 신부[본명은 디디에 세스테벵스(Didier t'Serstevens)]
> 가 13일 ㉠별세했다. 향년 88세.
>
> 1931년 벨기에 브뤼셀에서 태어난 ㉡고인은 1958년 신부가 된 후 선교지로 한국을 선택했다. 1
> 년간 런던에서 한국어 공부를 마친 뒤 한국으로 건너와 1964년 임실 성당을 찾았다. 그는 가난한
> 임실 지역 농민을 도울 방법을 고민하다가 자연환경이 깨끗하고 목초가 풍부한 임실에서 산양을
> 키워 치즈 만들기에 나섰다. 3년간 실패를 ㉢거듭하다가 치즈 만드는 법을 배우러 ㉣고국에 간 그
> 는 유럽의 공장을 돌며 치즈 장인에게 기술을 배워 돌아왔다. 1967년 마침내 임실에 한국 최초의
> 치즈 공장을 만들고 맛과 향이 균일한 치즈 생산에 성공했다. 이렇게 만들어진 임실 치즈는 유명
> 호텔과 대기업 등에 팔리기 시작했고, 이후 지 신부는 아무런 대가 없이 주민들에게 기술을 전수하
> 고 권리를 물려줬다. 법무부는 이 같은 공로를 인정해 2016년 그에게 대한민국 국적을 부여했다.

1 이 사람에 대한 설명으로 맞는 것을 고르십시오.

① 벨기에에서 출생했지만 한국 국적을 받았다.

② 치즈 공장을 만들려고 한국을 찾았다.

③ 주민의 도움을 받아 치즈 생산에 성공했다.

2 다시 읽고 ㉠~㉣을 바꿔 쓴 말로 알맞지 <u>않은</u> 것을 고르십시오.

① ㉠ -사망했다　　　② ㉡ -노인　　　③ ㉢ -계속하다가　　　④ ㉣ -본국

 읽어요 3

● 다음은 운동선수에 대한 칼럼입니다. 잘 읽고 질문에 답하십시오.

　　야구는 던지고, 치고, 달리는 스포츠이다. 공을 잘 던지면 투수, 잘 치고 달리면 타자를 맡는다. 그런데 두 가지를 동시에 잘하기는 어렵다. 아마추어 야구에서는 가끔 이런 선수가 나오기도 하지만 프로 야구에서는 쉽게 접하기 힘들다. 100년이 훌쩍 넘은 메이저 리그에서도 흔하지 않다. 그래서 김영웅 선수가 특별하다. '투수' 김영웅은 시속 160km가 넘는 빠른 공을 던진다. 최고 165km까지 던진 적이 있다. '타자' 김영웅은 현재 44개의 홈런을 쳐서 이 부문 1위에 올랐다. 김영웅 선수가 괴물로 불리는 이유다.

　　김영웅 선수는 비현실적인 재능을 갖추었을 뿐만 아니라 인성도 훌륭하다. 김영웅은 쓰레기를 줍는 몇 안 되는 선수다. 운동장을 지나다 쓰레기를 발견하면 가던 길을 되돌아와 줍는다. 팬들에게도 친절하다. 상대 팀 선수나 심판들과도 잘 지낸다. 고교 시절 그가 작성한 목표 달성표에는 '쓰레기 줍기', '인사 잘하기', '책 읽기', '긍정적으로 생각하기'와 같이 일상에서 실천 가능한 것들이 기록되어 있다. 인성과 정신력까지 세심하게 신경 썼음을 알 수 있다.

　　괴물은 어느 날 갑자기 탄생한 것이 아니다. 목표를 세우고 끊임없이 노력했기 때문에 가능한 일이었다.

1 이 선수에 대해 알게 된 것을 고르십시오.

① 직업을 선택한 계기　　　② 영향을 준 사람　　　③ 성공을 위한 습관

2 다시 읽고 이 글에 소개된 것을 <u>모두</u> 고르십시오.

① 논란   ② 생애   ③ 업적   ④ 일화

> 유명 인사를 소개하는 글을 읽고 이해할 수 있습니까?   ☆ ☆ ☆ ☆ ☆

 더 읽어요

● 다음은 검색 사이트의 인물 정보에 대한 글입니다. 잘 읽고 내용과 같으면 ○, 다르면 ✕에 표시하십시오.

     본 사이트에서는 인물 정보 등재 기준을 마련하여 공정하고 적절한 인물 정보 서비스를 제공하고 있습니다.

■ 인물 정보 등록 요청
- 등록 요청은 본인이 직접 하여야 하며, 부득이한 경우 대리인을 통해 할 수 있습니다. 단, 등록을 신청한 인물이 본사의 인물 정보 등록 대상 기준에 부합되지 않는다고 판단되면 정보 등록을 거부할 수 있습니다.
- 사회적으로 정보가 공개된 저명한 인물의 경우 본인의 동의와 상관없이 등록될 수 있습니다.

■ 인물 정보 등록 내용
- 인물의 이름을 중심으로 직업, 경력, 학력 등의 정보를 함께 편집하여 공개합니다.
- 인물 정보 중 전화번호, 주민등록번호 등 사생활과 관련된 내용은 공개하지 않습니다.

---

1) 본인이 등록을 희망해도 등록이 안 될 수도 있다.   ○   ✕

2) 사회적으로 저명한 인물의 경우 사생활 정보도 공개된다.   ○   ✕

읽기 5
문화 차이

문화 차이에 대한 글을 읽고 이해할 수 있다.

 생각해 봐요

● 다음을 보고 이 사람들의 대답이 어떻게 다른지 이야기하십시오.

내일 모임은 오후 3시에 시작하도록 하겠습니다.

넵^^

네, 알겠습니다.

알겠어요 :)

OKAY~

 읽어요 1

1 다음을 읽고 알맞은 말을 골라 문장에 맞게 쓰십시오.

강요하다   무시하다   배려하다   설득하다   존중하다

1) 우리가 고객 만족도 1위라는 평가를 받는 이유는 고객의 사소한 의견도 ＿＿＿＿＿＿＿＿＿＿＿ 않고 받아들이려고 노력하기 때문이다.

2) 회사를 그만두고 유학을 가겠다고 했을 때 가족들의 반대가 심했다. 나는 포기하지 않고 가족들을 ＿＿＿＿＿＿＿＿＿＿＿. 결국 가족들의 응원을 받으면서 유학 생활을 시작할 수 있었다.

3) '교통약자석'은 장애인, 고령자, 임산부, 어린이처럼 대중교통을 이용할 때 불편함을 느낄 수 있는 사람들을 ＿＿＿＿＿＿＿＿ 만든 자리이다.

 ## 읽어요 2

● 다음은 문화 차이에 대한 글입니다. 잘 읽고 질문에 답하십시오.

> 우리가 사용하는 숫자. 어느 나라에 가더라도 통하는 만국 공통의 글자일까요? 수를 글자로 쓰는 방법과 손가락으로 세는 방법이 나라마다 조금씩 다르다는 사실을 아는 분들은 많지 않을 텐데요. 지금부터 알려 드리겠습니다.
>
> <가>
>
> 아라비아 숫자는 시간이 지나면서 모양이 달라졌습니다. 특히 '1'과 '7'은 각 문화에 따라 쓰는 방식이 다릅니다. 유럽 국가들은 '1'을 쓸 때 윗부분을 많이 꺾어서 씁니다. 이 때문에 '1'이 '7'과 헷갈릴 수 있기 때문에 '7'을 쓸 때는 가운데에 선 하나를 더 긋습니다. 반면 미국은 '1'을 막대기 모양으로 쓰고, '7'에 선을 더 긋지 않습니다. 그렇다면 한국은 어떨까요? 사람마다 숫자를 쓰는 방법이 다르겠지만 대부분은 '7'을 쓸 때 '**7**'과 같이 두 번 꺾어서 씁니다. 왜 그렇게 쓰는지에 대해서는 여러 가지 이야기가 있지만 기역(ㄱ)과 '7'의 모양이 비슷하기 때문에 서로 헷갈리지 않도록 그렇게 쓰게 되었다는 이야기가 가장 믿을 만합니다. '4'도 쓰는 방법이 다른데 유럽에서는 한글의 'ㄴ'와 비슷하게 쓰는 반면 한국에서는 꼬리를 길게 써서 한글 '나'와 비슷한 모양으로 씁니다.

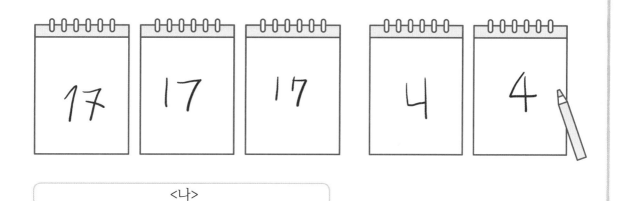

┌─────────────────────────────────┐
│   <나>   │
└─────────────────────────────────┘

　　손가락으로 하나부터 열까지 세어 볼까요? 어떠한 방법으로 수를 세셨나요? 나라마다 수를 세는 방법도 다르다고 합니다. 먼저 유럽에서는 주먹을 쥐고 시작해서 엄지손가락부터 하나씩 펴면서 센다고 합니다. 또한 미국은 검지부터 '하나'로 시작해 하나씩 펴면서 수를 셉니다. 반대로 한국과 일본은 (　　㉠　　) 상태로 시작해서 손가락을 하나씩 접으면서 세는 방법이 일반적이고 중국은 완전히 다른 방식으로 숫자를 셉니다.

1 〈가〉와 〈나〉에 들어갈 알맞은 소제목을 글에서 찾아 쓰십시오.

〈가〉 ┌───┐
　　　└───┘

〈나〉 ┌───┐
　　　└───┘

2 다시 읽고 ㉠에 들어갈 말로 알맞은 것을 고르십시오.

① 손을 편　　　　② 손을 잡은　　　　③ 두 손을 모은　　　　④ 손가락을 접은

읽어요 3

● 다음은 인터넷 게시판의 글입니다. 잘 읽고 질문에 답하십시오.

 저는 한국에 온 지 얼마 안 된 외국인인데요.

한국 친구들을 사귀게 되면서 축하 자리나 위로 자리에 참석해야 할 일이 많아졌어요.
그런데 어떻게 하는 것이 한국 예절에 맞는 건지 모르겠어요. 경조사 예절 좀 알려 주세요.

💬 1   ❓   ⋮

A 3개

 '매너왕'님 답변
나그네 · 채택답변수 15

먼저 결혼식에 대해 알려 드릴게요. 복장은 깔끔하고 너무 튀지 않는 복장이면 됩니다.
그리고 가장 중요한 축의금! 3만 원, 5만 원, 7만 원 같은 홀수나
10만 원, 20만 원처럼 0으로 떨어지는 금액으로 준비하세요.

결혼식은 축하하는 자리라 부담이 없지만 아무래도 문상 갈 때는 실수할까 봐 걱정되시죠?
미리 잘 알아 두고 따뜻한 위로를 전할 수 있기를 바랍니다.

1. 복장은 보통 검은색이나 어두운 색이 기본
2. 외투나 모자는 미리 벗어서 손에 들고 입장
3. 고인의 명복을 빌 때는 기도하거나 절! 절을 한다면 두 번 할 것
4. 마지막으로 가족에게 한 번 절하거나 위로의 말을 전할 것
    이때 '안녕하세요?'와 같은 인사는 절대 안 됨
5. 휴대폰 벨 소리 금지! 식사 자리에서 건배 금지!

도움이 되셨나요? 이런 경조사 예절을 지키는 것도 중요하겠지만 진심으로 축하해 주고
위로해 주는 마음을 보인다면 사소한 실수는 별로 문제되지 않을 거예요.

1 무엇에 대해 쓴 글인지 고르십시오.

① 나라마다 다른 결혼식과 장례식 문화를 비교한 글

② 한국에서 지켜야 할 경조사 예절을 소개한 글

③ 장례식장에서 예절을 몰라서 실수한 경험을 쓴 글

2 다시 읽고 읽은 내용대로 행동한 사람을 고르십시오.

① 결혼하는 친구에게 축의금으로 십만 원을 줬다.

② 문상을 가서 돌아가신 분의 가족에게 두 번 절했다.

③ 장례식장에 들어갈 때 조용히 '안녕하세요!'라고 인사했다.

문화 차이에 대한 글을 읽고 이해할 수 있습니까?	☆ ☆ ☆ ☆ ☆

 더 읽어요

● 다음을 읽고 어느 명절에 대한 설명인지 맞는 것에 ✔표를 하십시오.

한국에서는 설날과 추석이 가장 큰 명절이다. 설날과 추석에는 3일간 쉬는데 한국인들은
이 연휴에 고향을 방문해 가족과 친척들을 만나서 함께 시간을 보낸다.

설날은 새해가 시작되는 날로 보통 가족, 친척들과 함께 모여
새해 인사를 나누고 차례를 지낸다. 설날 아침에 어른들께 '새
해 복 많이 받으세요'라고 말하며 새해 인사를 드리는데 이것
을 세배라고 한다. 세배를 받은 어른은 한 해를 잘 보내라는 덕
담을 하며 세뱃돈을 준다. 떡국을 먹고 윷놀이와 같은 민속놀
이를 히기도 한다.

음력 1월 1일 설날

음력 8월 15일 추석

추석은 가을에 있는 명절로 한 해 농사에 감사하는 날이다.
'한가위'라고도 부른다. 추석에는 그해에 농사 지은 쌀로 만
든 송편이라는 떡을 먹고 그해의 농사가 잘되었음을 조상
에게 감사한다는 의미로 차례를 지낸다. 저녁에는 보름달을
보며 소원을 빌기도 한다.

1) 어른들께 세배를 하고 세뱃돈을 받는다.   ☐ 설날   ☐ 추석

2) 농사가 잘된 것에 감사하며 쌀로 만든 송편을 먹는다.   ☐ 설날   ☐ 추석

설문 조사

 설문 조사지와 설문 조사 결과에 대한 글을 읽고 이해할 수 있다.

 생각해 봐요

● 다음을 보고 무엇에 대한 내용인지 이야기하십시오.

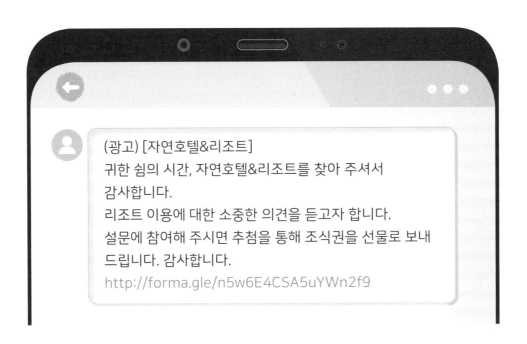

(광고) [자연호텔&리조트]
귀한 쉼의 시간, 자연호텔&리조트를 찾아 주셔서
감사합니다.
리조트 이용에 대한 소중한 의견을 듣고자 합니다.
설문에 참여해 주시면 추첨을 통해 조식권을 선물로 보내
드립니다. 감사합니다.
http://forma.gle/n5w6E4CSA5uYWn2f9

 읽어요 1

1 다음 설문 내용을 읽고 내용과 같으면 ○, 다르면 ×에 표시하십시오.

   1) 이 숙소를 이용한 사람에게 묻는 설문 조사이다.

   2) ①~④번까지 모든 질문에 답을 해야 한다.

자연호텔&리조트 만족도 조사

*필수항목

① 개인정보 제공 및 활용 동의 여부*

본 설문지는 자연호텔&리조트를 이용하신 분들께 보내 드립니다. 수집된 개인 정보는 당사 내부 마케팅 및 경품 추첨 시 활용하며, 제3자에게 제공하지 않습니다. 동의를 원하지 않는 경우 본 설문에 참여하실 수 없습니다.

☐ 동의합니다.

② 머무신 객실 호수를 적어 주십시오*

예) 611호

내 답변 _____

③ 이번 숙박에 대해 어느 정도 만족하십니까*

☐	☐	☐	☐	☐
매우 만족	만족	보통	불만족	매우 불만족

④ 숙소 서비스에 대해 하고 싶으신 말씀

자유롭게 기재해 주시고 특별히 없다면 아래 다음 버튼을 눌러 주시기 바랍니다.

내 답변 _____

 읽어요 2

● 다음은 설문 조사 결과입니다. 잘 읽고 질문에 답하십시오.

제3차 '청년 취업 현황'
설문 조사 결과

청년지원재단

청년지원재단은 2년에 한 번씩
청년 취업 현황에 대해
설문 조사를 실시하고 있습니다.

이번 3차 조사는 지난 5월 한 달간
취업/미취업 청년 1,558명을 대상으로
이루어졌습니다.

1 직장 선택 조건

[미취업 청년 1,131명 대상]

- 급여 수준(42%)
- 직무 적정성(27%)
- 안정성(16%)
- 복리 후생(9%)

9%
16%
27%
42%

[취업 청년 427명 대상]

- 직무 적정성(39%)
- 전공 관련성(26%)
- 미래 전망(17%)
- 취업 가능성(12%)

12%
17%
26%
39%

2 취업 준비

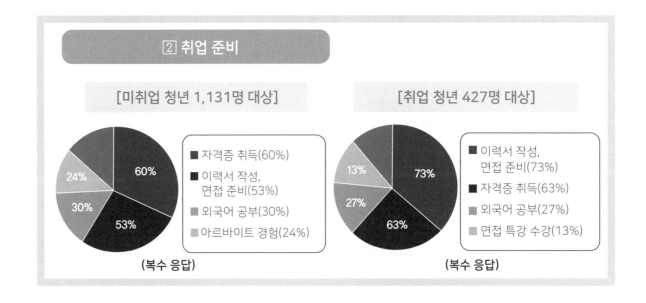

[미취업 청년 1,131명 대상]

- 자격증 취득(60%)
- 이력서 작성, 면접 준비(53%)
- 외국어 공부(30%)
- 아르바이트 경험(24%)

60%
53%
30%
24%

(복수 응답)

[취업 청년 427명 대상]

- 이력서 작성, 면접 준비(73%)
- 자격증 취득(63%)
- 외국어 공부(27%)
- 면접 특강 수강(13%)

73%
63%
27%
13%

(복수 응답)

1 이 설문 조사에 대한 설명으로 맞는 것을 고르십시오.

① 청년지원재단에서 설문 조사를 했다.

② 매년 5월 한 달간 조사를 실시한다.

③ 취업을 하지 않은 청년 427명을 대상으로 했다.

2 다시 읽고 설문 조사 결과에 대한 설명으로 맞는 것을 고르십시오.

① 모든 청년들이 직장을 선택할 때 급여가 가장 중요하다고 답했다.

② 외국어 공부보다 자격증 취득을 위해 노력하는 청년들이 더 많았다.

③ 취업 준비로 이력서 작성과 면접 준비를 하는 경우는 30%가 안 됐다.

 ## 읽어요 3

● 다음은 설문 조사 결과를 정리한 글입니다. 잘 읽고 질문에 답하십시오.

> 현재 자신의 심리 상태가 어떤지를 묻는 질문에 두 집단 모두 종종 불안하고 걱정이 있다고 답한 경우가 많았다. 취업에 성공한 청년 중 43.6%, 취업 준비 중인 청년 중 50.7%가 '가끔 불안하다'고 답했고 '하루 종일 불안하다'고 답한 경우는 취업한 청년은 14.2%, 취업 준비 중인 청년은 24.0%로 나타났다.

1 읽은 내용을 표로 정리할 때 ㉠, ㉡에 들어갈 알맞은 말을 고르십시오.

① [미취업 청년 1,131명 대상]   ② [취업 청년 427명 대상]

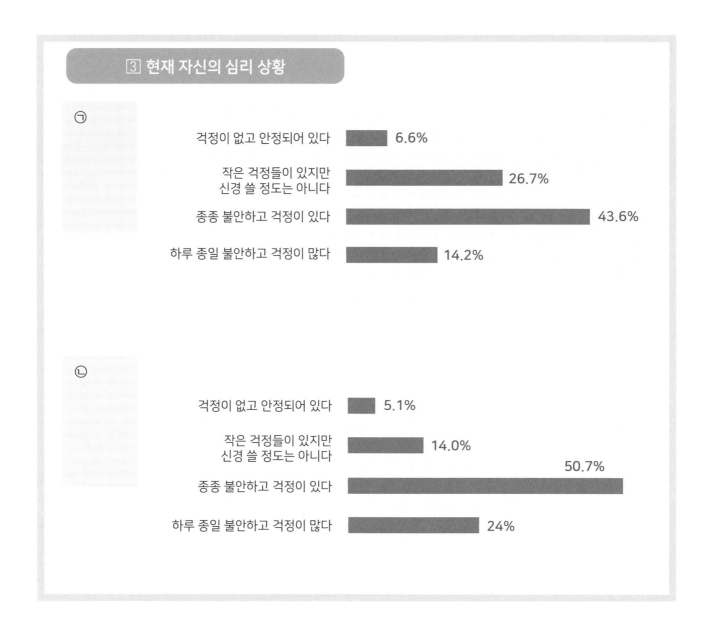

③ 현재 자신의 심리 상황

㉠
걱정이 없고 안정되어 있다 　6.6%
작은 걱정들이 있지만
신경 쓸 정도는 아니다 　26.7%
종종 불안하고 걱정이 있다 　43.6%
하루 종일 불안하고 걱정이 많다 　14.2%

㉡
걱정이 없고 안정되어 있다 　5.1%
작은 걱정들이 있지만
신경 쓸 정도는 아니다 　14.0%
종종 불안하고 걱정이 있다 　50.7%
하루 종일 불안하고 걱정이 많다 　24%

2 설문 조사 결과를 정리한 글을 읽은 후 표에서 잘못된 부분을 찾아 고치십시오.

무엇 때문에 스트레스를 받느냐는 질문에 취업 준비 중인 청년들의 경우 '취업' 때문이라는 답이 가장 많았고, 다음으로 '불안정한 미래', '금전적 요인'이라는 답이 뒤를 이었다. 취업에 성공한 청년들의 경우 '회사 생활 및 업무' 때문이라는 대답이 가장 많았고, 다음으로 '인간관계', '불안정한 미래' 때문이라는 대답이 뒤를 이었다. 취업에 성공했든 그렇지 않든 미래에 대해서는 불안하게 여기는 것으로 나타났다.

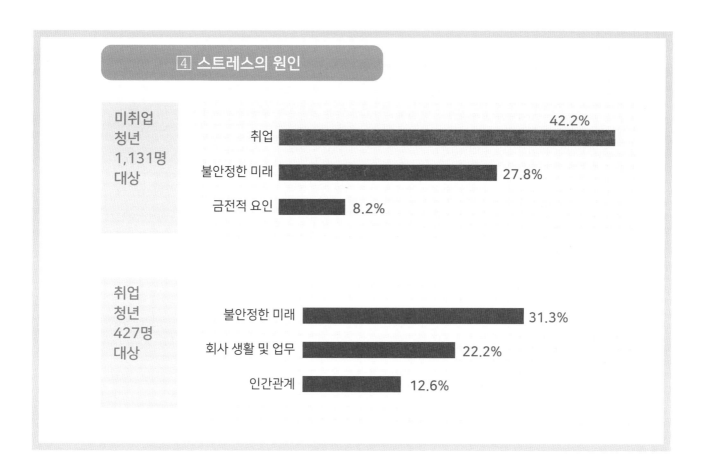

4 스트레스의 원인

미취업 청년 1,131명 대상

취업	42.2%
불안정한 미래	27.8%
금전적 요인	8.2%

취업 청년 427명 대상

불안정한 미래	31.3%
회사 생활 및 업무	22.2%
인간관계	12.6%

설문 조사지와 설문 조사 결과에 대한 글을 읽고 이해할 수 있습니까? ☆ ☆ ☆ ☆ ☆ ☆

➕ 📖 더 읽어요

● 다음은 취업 면접관의 조언입니다. 잘 읽고 각 면접관은 성향과 업무와의 관련성에 대해 어떤 의견을 제시했는지 이야기하십시오.

> **Q 영업직 업무에 적합한 성격이 있다고 보세요?**
>
> 외향적이건 소극적이건 각각의 장점이 있다고 생각합니다. 업무에 맞춰 본인의 타고난 성향을 노력으로 바꾸려는 경우가 있는데 완전히 사람 자체가 바뀌기는 어렵다고 봐요. 고로 본인의 성격에 맞는 직무를 찾아야 하죠. 너무 소극적인 성격의 사람이 영업 직무를 맡았을 때 힘들어하는 경우를 많이 봤습니다.
>
> 영업이라고 하면 외향적, 사교적, 활동적인 사람이 잘할 거라는 고정 관념이 있어요. 하지만 내성적이고 조용한 사람도 영업과 잘 맞을 수 있습니다. 중요한 건 성실함인 것 같아요. 관계는 일회성이 아니니까요. 고객과의 관계를 끈끈하게 유지하려면 관계 안의 성실함이 가장 중요하죠. 진심이 담긴 진정성을 보여 주는 것이 중요합니다.

읽기 7
건강 관리

 건강 관리에 대한 글을 읽고 이해할 수 있다.

 생각해 봐요

● 다음을 보고 이 사람이 건강 관리를 잘하고 있는지 이야기하십시오.

 읽어요 1

1 다음을 읽고 알맞은 말을 골라 넣으십시오.

1) 물은 한 번에 많이 마시는 것보다 조금씩 자주 마시는 것이 좋다. 목이
   마르지 않아도 _____ 마셔 몸에 수분이 부족하지 않도록
   해야 한다.

되도록

2) 주말이나 밤에 갑자기 아플 때는 어떻게 해야 할까요? 굿닥터 앱을
   이용해 보십시오. 이용 가능한 병원, 약국의 이름과 위치, 전화번호
   등이 _____ 나와 있습니다.

수시로

자세히

3) 에어컨 바람은 피부를 건조하게 만들고 냉방병의 원인이 되기도
   한다. 그래서 지나치게 더운 날에만 에어컨을 켜고 _____
   켜지 않으려고 노력하는 것이 좋다.

제대로

 읽어요 2

● 다음은 건강 상식에 대한 기사입니다. 잘 읽고 질문에 답하십시오.

KLC News

진짜 배고픔과 가짜 배고픔

밥을 충분히 먹었는데 세 시간도 지나지 않아 배가 고파질 때가 있
다. 그런데 이 배고픈 느낌은 '진짜 배고픔'이 아닌 '가짜 배고픔'일 수
있다. 수시로 찾아오는 식욕이 규칙적인 식습관을 망친다면 가짜 배고
픔과 진짜 배고픔을 구별해야 한다. 가짜 배고픔은 영양분이 부족해서
나타나는 진짜 배고픔과 달리 스트레스가 주요 원인이다. 그렇다면
가짜 배고픔을 어떻게 알아낼 수 있을까?

우선 식사한 지 세 시간 이내에 나타나는 것은 가짜 배고픔일 가능
성이 높다. 또 아이스크림이나 과자 등 단맛이 나는 음식이나 떡볶이

같은 자극적인 음식을 먹고 싶은 생각이 강해지는 것도 가짜 배고픔의 특징이다. 반면 진짜 배고픔은 서서히 나타나는데 배에서 꼬르륵 소리가 나거나 꼭 단 게 아니더라도 무엇이라도 먹어야겠다고 생각하게 된다. 또 어지럽고 손이 떨리고 기운이 빠지는 등 신체적 증상이 나타나면 진짜 배고픔이다.

가짜 배고픔을 ㉠극복하기 위해서는 물 한 컵을 먼저 마셔 보거나 견과류나 토마토 등 가벼운 음식을 먹어 보는 것이 좋다. 보통은 이 정도로도 배고픔이 사라지기 때문이다. 물을 마시고 20분이 지난 후에도 여전히 배가 고프다면 진짜 배고픔이므로 음식을 섭취하면 된다. 또한 산책을 하거나 음악을 듣는 등 다른 행동을 하는 것도 심리적 배고픔을 이겨 내는 방법이 될 수 있다.

김건강 기자 health@klc.com

1 '가짜 배고픔'에 대한 설명으로 맞지 <u>않는</u> 것을 고르십시오.

① 가짜 배고픔의 증상에는 어지러움, 손 떨림 등이 있다.

② 스트레스를 받을 때 가짜 배고픔을 느낄 가능성이 있다.

③ 가짜 배고픔을 느낄 때는 자극적인 음식이 먹고 싶어진다.

2 다시 읽고 ㉠과 의미가 비슷한 말을 찾아 쓰십시오.

 읽어요 3

● 다음은 건강에 대한 기사입니다. 잘 읽고 질문에 답하십시오.

（   ）

밤새도록 놀아도 피곤하지 않고 매운 음식을 아무리 먹어도 끄떡없는 당신. 앞으로도 지금의 건강 상태가 영원히 유지될 것이라고 믿고 있다면 뒤늦게 후회하게 될지도 모른다. 지금의 생활 습관이 20년 후 건강 상태를 결정하기 때문이다. 나에게 필요한 건강 습관을 만들고 유지하려면 어떻게 해야 할까?

첫째로 （   <가>   ） 가장 기본적인 것은 규칙적인 생활이다. 아침 몇 시에 일어났는지, 식사는 언제 했는지, 언제 잠자리에 들었는지 등 일상을 정확하게 기록한다. 스스로 얼마나 규칙적으로 생활하고 있는지, 현재 가장 먼저 고쳐야 할 습관이 무엇인지 구체적으로 확인할 수 있어야 문제를 해결할 수 있다.

둘째로 （   <나>   ） 잘 안 먹던 채소를 억지로 먹고 안 하던 운동을 갑자기 몇 시간씩 하면 스트레스를 받게 돼서 금방 그만두게 된다. 운동을 하기로 했다면 '매일 윗몸 일으키기 열 번 하기'처럼 쉽게 할 수 있는 일부터 해야 한다. 습관을 만들 때 가장 중요한 것은 꾸준히 하는 것이다. 꾸준히 하려면 어제도 오늘도 내일도 지킬 수 있을 정도의 강도가 적당하다.

셋째로 （   <다>   ） 일찍 일어났다면 달력에 동그라미 표시를 하고 동그라미가 많아지면 자신에게 선물을 준다. 가까운 거리를 걸어 다니며 교통비를 아꼈다면 바로 통장에 입금해 돈이 모이는 것을 확인한다. 선물이나 저축 같은 보상은 계획을 지키는 힘이 된다.

마지막으로 （   <라>   ） 완벽하지 않아도 괜찮다. 실패하더라도 포기할 것이 아니라 다음 날 또 새롭게 시작하면 된다. 오늘 하루만은 실천하겠다는 마음가짐이 필요하다. 하루가 쌓이면 습관이 된다.

1 기사의 제목으로 알맞은 것을 고르십시오.

① 건강한 습관을 만드는 방법

② 건강에 도움이 되는 운동의 종류

③ 건강을 해치는 잘못된 건강 습관

2 다시 읽고 〈가〉~〈라〉에 들어갈 알맞은 문장을 골라 넣으십시오.

> "보상이 필요하다."
>
> "쉬운 일부터 시작해야 한다."
>
> "생활 습관 일기를 쓰는 것이 좋다."
>
> "한두 번 실패했다고 포기하면 안 된다."

건강 관리에 대한 글을 읽고 이해할 수 있습니까?	☆ ☆ ☆ ☆ ☆ ☆

 더 읽어요

● 다음 건강 검진 문진표를 완성하십시오. 문진표를 보며 누가 가장 건강한 습관을 가지고 있는지 이야기하십시오.

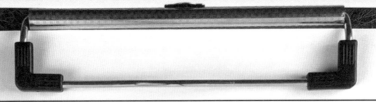

건강 검진 문진표

성명		생년월일		전화번호	
이메일					

1. 신체 활동(운동)

1) 일주일간 운동 횟수

평소 일주일간 숨이 찰 정도로 힘든 신체 활동을 며칠 하십니까?(예: 달리기, 자전거 타기, 계단 오르기 등)

주당 (　　　)일

2) 하루 운동량

평소 하루에 숨이 찰 정도로 힘든 신체 활동을 몇 시간 하십니까?(예: 달리기, 자전거 타기, 계단 오르기 등)

(　　　)시간 (　　　)분

3) 일주일간 근력 운동 횟수

일주일 동안 '팔 굽혀 펴기', '윗몸 일으키기', '아령 들기' 등 근력 운동을 한 날은 며칠입니까?

주당 (　　　)일

2. 음주

*지난 1년간

1) 술을 마시는 횟수는 어느 정도입니까?

① 일주일에 (　)번　② 한 달에 (　)번　③ 1년에 (　)번　④ 술을 마시지 않는다

2) 술을 마시는 날은 보통 어느 정도 마십니까?

술 종류	잔	병	캔	cc
소주				
맥주				
양주				
막걸리				
와인				

3) 가장 많이 마셨던 하루 음주량은 어느 정도입니까?

술 종류	잔	병	캔	cc
소주				
맥주				
양주				
막걸리				
와인				

3. 흡연

1) 지금까지 평생 총 5갑(100개비) 이상의 담배를 피운 적이 있습니까?

① 아니요 (☞4)번 문항으로 가세요)　② 예. 지금은 끊었음 (☞2)번 문항으로 가세요)

③ 예. 현재도 흡연 중 (☞3)번 문항으로 가세요)

2) 과거에 흡연을 하였으나 현재는 끊으셨다면

금연 전까지 담배를 몇 년이나 피우셨습니까?	총 _____년
금연하시기 전 하루 평균 흡연량은 몇 개비였습니까?	_____개비

3) 현재도 흡연을 하신다면

몇 년째 담배를 피우고 계십니까?	총 _____ 년
하루 평균 몇 개비를 피우십니까?	_____개비

4) 전자 담배를 사용한 경험이 있습니까?
　　① 예 (☞ 5)번 문항으로 가세요)　　② 아니요

5) 전자 담배를 사용하는 날은 며칠 정도입니까?
　　① 월 1-2일　② 월 3-9일　③ 월 10-29일　④ 매일

4. 영양

1) 식사 때 무엇을 얼마나 드십니까?

	밥			국수			빵		
	1/2그릇	1그릇	기타	1/2그릇	1그릇	기타	1/2개	1개	기타
아침									
점심									
저녁									

2) 하루에 고기, 생선, 두부 등을 얼마나 드십니까?

	안 먹음	약간 섭취 (50g 미만)	보통 섭취 (50g)	충분히 섭취 (그 이상)
아침				
점심				
저녁				

3) 하루에 채소를 얼마나 드십니까?

	안 먹음	1/2접시	1접시	그 이상
아침				
점심				
저녁				

4) 튀긴 음식, 볶은 음식 등 기름을 사용한 음식은 얼마나 드십니까?
　　☐ 거의 안 먹음　　☐ 일주일에 3~4회
　　☐ 하루 1회　　☐ 하루 2회 이상

5) 우유나 두유는 얼마나 드십니까?
　　☐ 안 먹음　　☐ 일주일에 3~4컵
　　☐ 하루 1컵　　☐ 하루 2컵 이상

6) 콜라나 사이다 등의 탄산음료는 얼마나 드십니까?
　　☐ 안 먹음　　☐ 일주일에 3~4컵
　　☐ 하루 1컵　　☐ 하루 2컵 이상

7) 과일은 얼마나 드십니까?
　　☐ 안 먹음　　☐ 일주일에 3~4회
　　☐ 하루 1회　　☐ 하루 2회 이상

동물

 동물을 설명하는 글을 읽고 이해할 수 있다.

 생각해 봐요

● 다음은 어디에서 볼 수 있는지, 어떤 정보를 알 수 있는지 이야기하십시오.

황금원숭이
Golden Snub-nosed Monkey
Rhinopithecus roxellana

- 신비로운 푸른색 얼굴과 아름답고 긴 황금색의 털을 가진 세상에서 가장 아름다운 원숭이예요.

- 세계적인 희귀 보호 동물로 판다와 함께 중국의 1급 보호 동물이에요.

  세계에서 중국이 아닌 곳에서 황금원숭이를 볼 수 있는 곳은 단 두 곳뿐이에요. 우리 동물원이 그중 하나예요.

- 서식지 : 삼림 지대
- 먹이 : 나뭇잎, 과일, 곤충

읽어요 1

1 다음을 읽고 관련 있는 사진을 고르십시오.

1) 이 새는 사람들이 사는 곳 근처에서 쉽게 볼 수 있다. 전체적으로 까만 깃털로 덮여 있지만 배와 날개 부분은 하얗다.

⎯⎯⎯⎯⎯

2) 몸길이 1.2~8cm 정도 되는 작은 곤충이다. 날개가 잘 발달되어 있어서 날기에 적합하다. 여름이 되면 이 곤충이 우는 소리 때문에 잠을 잘 수 없을 정도이다.

⎯⎯⎯⎯⎯

3) 나는 바다에 사는 포유동물이에요. 내 몸은 진한 갈색이나 검은색 털로 뒤덮여 있지요. 머리와 몸 전체가 둥글둥글하게 생겼어요. 배를 하늘 쪽으로 보이게 물에 누워서 조개를 먹기도 하고, 잠을 자기도 해요.

⎯⎯⎯⎯⎯

4) 비늘로 덮인 딱딱한 몸, 강하고 굵은 꼬리. 긴 주둥이와 뾰족한 이빨! 조심하세요. 물속에 숨어서 먹이를 찾고 있어요. 상어냐고요? 아니요. 전 상어와 달리 짧은 앞다리 2개, 뒷다리 2개가 있어요.

⎯⎯⎯⎯⎯

①  ②  ③  ④

⑤  ⑥  ⑦  ⑧

읽어요 2

● 다음은 동물을 설명하는 글입니다. 잘 읽고 질문에 답하십시오.

곤충이 지구상에 나타난 것은 3억 5천만 년 전이라고 알려져 있습니다. 전체 동물 수의 약 4분의 3을 차지할 만큼 수가 많고 종류도 다양합니다. 지금까지 기록된 종류만 해도 약 백만 종이 넘는다고 하는데요. 곤충이 되기 위해서는 몇 가지 조건을 갖추어야 합니다. 첫째, 몸의 구조가 머리, 가슴, 배 세 부분으로 나뉘어 있어야 합니다. 둘째, 두 쌍 또는 한 쌍의 날개와 여섯 개의 다리가 있어야 하고 셋째, 한 쌍의 더듬이와 한 쌍의 겹눈이 있어야 합니다. 그렇다면 나비, 거미, 개미는 모두 곤충에 속할까요? 나비와 개미는 곤충에 속하지만 거미는 그렇지 않습니다. 거미의 몸은 두 부분으로 나뉘는데 이것은 가슴과 배가 연결되어 있기 때문입니다. 또 다리는 여덟 개나 되고 날개는 없지요. 그래서 거미는 곤충이라 할 수 없습니다. 개미도 날개가 없으니까 곤충이 아닌 것 아니냐고요? 개미는 지금은 날개를 찾을 수 없지만 원래는 날개가 있었어요. 여왕개미와 수개미는 지금도 날개가 달려 있다고 합니다.

1 다음 중 종류가 <u>다른</u> 하나를 고르십시오.

 ① 　　② 　　③

2 다시 읽고 곤충에 대한 설명으로 맞는 것을 고르십시오.

① 더듬이와 여덟 개의 다리가 있다.

② 수는 많지만 종류는 많지 않다.

③ 몸이 머리, 가슴, 배로 구분된다.

읽어요 3

● 다음 설명문을 읽고 질문에 답하십시오.

> 돌고래는 바다에 사는 포유동물이다. 새끼를 낳아서 젖을 먹여 키운다. 사람처럼 허파로 공기를 들이마시고 내쉬는 허파 호흡을 한다. 그래서 돌고래는 바다에서 생활하지만 오랫동안 물속에 머물러 있을 수 없다. 호흡을 하기 위해 물 밖으로 나오는데 그곳에서도 오래 있을 수는 없다. 피부가 금세 마르고 연약해서 쉽게 상처를 입기 때문이다. 그래서 돌고래는 물속에도 있어야 하고 물 밖에도 있어야 한다.
>
> 돌고래의 조상은 옛날에 육지에 살았다. 그들에겐 다리가 있었고 땅 위를 걷고 뛰어다녔다. 그러다가 다리가 지느러미로 변했다. 돌고래의 뼈대를 조사해 보면 앞쪽 지느러미 속에 길쭉한 손뼈가 있음을 확인할 수 있다. 육지 생활을 한 흔적이다.
>
> 이렇게 물속과 물 밖으로 자주 옮겨 다녀야 한다면 어떻게 잠을 잘까? 잠든 상태와 깨어 있는 상태가 구분되는 것이 아니라 하루 종일 몸의 반은 깨어 있고 몸의 반은 잠들어 있는 식이다. 물 밖 공중으로 펄쩍 뛰어오르는 순간에도 돌고래 몸의 반은 꿈을 꾸고 있을지도 모른다.

1 이 동물에 대한 설명으로 나오지 <u>않은</u> 것을 고르십시오.

① 먹이   ② 서식지   ③ 번식하는 법   ④ 호흡 방법

2 다시 읽고 이 동물에 대한 설명으로 맞는 것을 고르십시오.

① 피부가 약해서 물 밖에서 오래 있을 수 없다.

② 생김새는 변화가 없지만 생활 양식은 바뀌었다.

③ 물속에서 잠을 잘 때는 앞 지느러미를 활용한다.

동물을 설명하는 글을 읽고 이해할 수 있습니까?	☆ ☆ ☆ ☆ ☆

➕📖 더 읽어요

● 다음을 읽고 내용과 같으면 ○, 다르면 ✕에 표시하십시오.

　예부터 새로운 것을 발명할 때 가장 먼저 접근하는 방법은 바로 자연을 모방하는 것이다. 헬리콥터는 잠자리의 생김새를 본떠 만든 것으로 초기에는 헬리콥터를 '잠자리 비행기'라고 부르기도 했다.

　헬리콥터는 다른 비행기와는 달리 활주로를 이용하지 않고 그 자리에서 수직으로 날아오르거나 땅으로 내려올 수 있다. 속도가 느린 단점이 있지만 뒤로 날아갈 수도 있고 공중의 한곳에 정지해 있을 수도 있다. 공중에서 앞, 뒤 방향으로 움직일 수 있고 날개를 이용해 제자리에 떠 있기도 하는 잠자리의 비행 원리가 헬리콥터에 그대로 적용된 것이다.

1) 헬리콥터의 비행 원리와 잠자리의 비행 원리는 동일하다.　　○　✕

2) 헬리콥터는 공중에서 자유롭게 방향을 바꿀 수 있다.　　○　✕

읽기 9
사건·사고

사건·사고에 대한 글을 읽고 이해할 수 있다.

 생각해 봐요

● 다음을 보고 무슨 일이 생겼는지, 어떻게 해야 하는지 이야기하십시오.

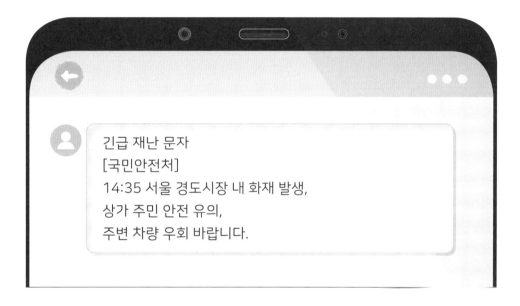

긴급 재난 문자
[국민안전처]
14:35 서울 경도시장 내 화재 발생,
상가 주민 안전 유의,
주변 차량 우회 바랍니다.

 읽어요 1

1 다음 표현과 관련 있는 그림을 고르십시오.

1) 　**화재 위험**

2) 　**계단 미끄럼 주의**

3) 　**추락 주의**

4) 　**어린이 보호 구역**

①

②

③

④

⑤

⑥

 읽어요 2

● 다음은 사건·사고 기사입니다. 잘 읽고 질문에 답하십시오.

KLC News

〈가〉

10일 부산에서 20대 남성 A씨가 자신의 집에 불을 낸 사건이 발생했다. 이 불로 주방 일부가 불에 타는 등 소방서 추산 100여만 원의 재산 피해가 났다. 불은 10분 만에 진화됐으며 인명 피해는 없었다. 경찰은 "A씨가 아버지로부터 휴대폰 요금이 많이 나온다는 꾸중을 듣고 화가 나서 그 자리에서 불을 낸 것으로 보인다"며 정확한 사건 경위를 조사 중이라고 밝혔다.

〈나〉

차량과 함께 바다에 빠진 50대 운전자가 숨지는 사고가 발생했다. 12일 오후 1시 40분께 제주 서귀포항에서 SUV 차량이 바다로 추락했다는 신고가 들어왔다. 이에 해경은 차 안에 갇혀 있던 운전자 A씨를 구조해 병원으로 옮겼지만, 병원에서 숨졌다. 한편 해경은 차량이 갑자기 바다로 돌진했다는 목격자의 진술을 토대로 정확한 사고 원인을 조사하고 있다.

〈다〉 17일 광주의 한 은행에서 A씨가 다른 고객(50대 여성, B씨)이 인출한 현금을 훔치려다가 붙잡히는 사건이 있었다. A씨는 B씨의 돈을 훔친 후 바로 도주를 시도하였다. 그러나 A씨가 돈을 빼앗는 장면을 ATM 부스 밖에서 목격한 B씨의 남편이 출입문을 막아서는 바람에 나올 수 없었다. 결국 A씨는 신고를 받고 출동한 경찰에 붙잡혀 조사를 받고 있다.

1 어떤 사건·사고인지 쓰십시오.

〈가〉 _____

〈나〉 _____

〈다〉 _____

2 다시 읽고 내용과 같으면 ○, 다르면 ✕에 표시하십시오.

1) 〈가〉의 사건·사고는 원인을 알 수 없다. ○ ✕

2) 〈나〉의 사건·사고로 한 명이 사망했다. ○ ✕

3) 〈다〉의 사건·사고의 범인은 현장에서 붙잡혔다. ○ ✕

 읽어요 3

● 다음은 교통사고 기사입니다. 잘 읽고 질문에 답하십시오.

KLC News

지난 4일 새벽 2시 40분쯤 천안의 한 도로를 달리던 최 모 씨의 승용차가 도로 표지판 기둥을 들이받았다. 차가 심하게 훼손되면서 연기와 불길이 솟아올랐고 운전자 최 씨는 다리에 큰 부상을 입어 차에서 스스로 탈출하기 힘든 위급한 상황이었다. 이때 도로 옆을 달리던 시민 송 모 씨가 사고를 목격하고 지체 없이 차량으로 달려갔다. 송 씨는 급히 119에 신고하고 그 도로를 지나가던 택시 기사 김 모 씨와 함께 운전석 뒤의 창문을 깨고 최 씨를 밖으로 끌어냈다. 출동한 소방차에 의해 차량의 불길은 잡혔지만 차는 심하게 훼손되었다. 두 시민이 사고 현장에 신속하게 뛰어들지 않았다면 인명 사고로 이어질 뻔한 아찔한 순간이었다. 현재 운전자 최 씨는 인근 병원으로 옮겨져 치료를 받고 있다. 한편 소방서 측은 소중한 인명을 구한 시민 송 씨와 김 씨에게 표창장을 전달할 계획이라고 밝혔다.

1 기사의 헤드라인으로 알맞은 것을 고르십시오.

① **신고받고 출동한 소방관, 두 시민 구해**

② **도로 달리던 두 시민이 사고 차량 운전자 구조**

③ **한밤중 차량 화재 발생, 운전자 차 버리고 빠르게 대피**

2 다시 읽고 내용과 같은 것을 고르십시오.

① 사고 차량 운전자는 현재 병원에서 치료를 받고 있다.

② 사고 차량 운전자와 시민 모두 큰 재산 피해를 입었다.

③ 사고 현장에 출동한 소방서 대원들은 상을 받게 되었다.

사건 · 사고에 대한 글을 읽고 이해할 수 있습니까? ☆ ☆ ☆ ☆ ☆

🔖 더 읽어요

● 다음은 화재가 발생했을 때의 행동 방법을 안내한 글입니다. 잘 읽고 그림에 맞는 번호를 쓰십시오.

1. 불을 발견하면 "불이야!" 하고 큰 소리로 외쳐 다른 사람에게 알리고 화재 경보 비상벨을 누릅니다.

2. 엘리베이터를 이용하지 말고 계단을 이용하되, 아래층으로 대피할 수 없을 때에는 옥상으로 대피합니다.

3. 불길 속을 통과할 때에는 물에 적신 담요나 수건 등으로 몸과 얼굴을 감싸고 이동합니다.

4. 한 손으로는 젖은 수건 등으로 코와 입을 막고, 다른 한 손으로 벽을 짚으며 낮은 자세로 이동합니다.

5. 문손잡이를 만져 보았을 때 뜨겁지 않으면 문을 조심스럽게 열고 밖으로 나갑니다.

6. 출구가 없으면 연기가 방 안에 들어오지 않도록 물에 적신 옷이나 이불로 문틈을 막고 구조를 기다립니다.

1) _____   2) _____   3) _____   4) _____

읽기 10
도시

도시를 설명하는 글을 읽고 이해할 수 있다.

 생각해 봐요

● 다음을 보고 무엇을 검색하고 있는지 이야기하십시오.

읽어요 1

1 다음 도시 정보를 읽고 빈칸에 들어갈 알맞은 말을 고르십시오.

위치	뉴질랜드 북 섬
인구	1,467,800명 (2020년)
면적	6,059km²
대륙	오세아니아

● 가장 많은 인구가 거주하는 뉴질랜드 1) _____

● 1865년까지 뉴질랜드의 수도. 현재 수도는 웰링턴

● 상공업의 중심지, 3개의 국립 대학이 있는 2) _____

● 뉴질랜드에서 가장 큰 와이터마타항이 있는 아름다운 3) _____

① 수도   ② 항구 도시   ③ 공업 도시

④ 최대의 도시   ⑤ 교통의 중심지   ⑥ 교육의 중심지

1) _____   2) _____   3) _____

 ## 읽어요 2

● 다음은 도시를 소개하는 글입니다. 잘 읽고 질문에 답하십시오.

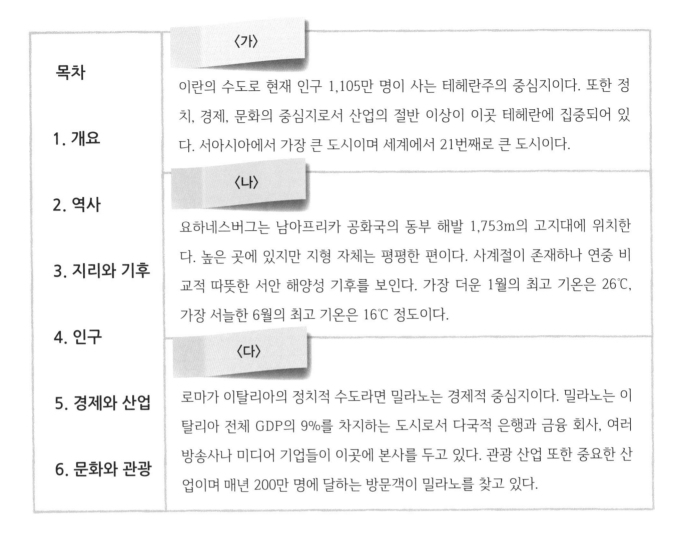

〈가〉

이란의 수도로 현재 인구 1,105만 명이 사는 테헤란주의 중심지이다. 또한 정치, 경제, 문화의 중심지로서 산업의 절반 이상이 이곳 테헤란에 집중되어 있다. 서아시아에서 가장 큰 도시이며 세계에서 21번째로 큰 도시이다.

〈나〉

요하네스버그는 남아프리카 공화국의 동부 해발 1,753m의 고지대에 위치한다. 높은 곳에 있지만 지형 자체는 평평한 편이다. 사계절이 존재하나 연중 비교적 따뜻한 서안 해양성 기후를 보인다. 가장 더운 1월의 최고 기온은 26℃, 가장 서늘한 6월의 최고 기온은 16℃ 정도이다.

〈다〉

로마가 이탈리아의 정치적 수도라면 밀라노는 경제적 중심지이다. 밀라노는 이탈리아 전체 GDP의 9%를 차지하는 도시로서 다국적 은행과 금융 회사, 여러 방송사나 미디어 기업들이 이곳에 본사를 두고 있다. 관광 산업 또한 중요한 산업이며 매년 200만 명에 달하는 방문객이 밀라노를 찾고 있다.

1 〈가〉~〈다〉는 각 도시의 무엇에 대한 설명인지 목차에서 찾아 쓰십시오.

〈가〉	〈나〉	〈다〉

2 다시 읽고 내용과 같은 것을 고르십시오.

① 〈가〉 도시는 아시아에서 가장 큰 도시이다.

② 〈나〉 도시는 높은 지대에 위치하며 도시 곳곳에 높은 산이 있다.

③ 〈다〉 도시는 경제의 중심지이며 관광객이 많이 온다.

읽어요 3

● 다음은 한국의 도시를 설명하는 글입니다. 잘 읽고 질문에 답하십시오.

인천은 한국의 북서부 해안에 위치한 항구 도시이다. 인천의 인구는 약 294만 명으로 서울, 부산 다음으로 인구가 많다. 면적은 약 1,063km²로 6대 광역시 중에서 면적이 가장 넓다. 여름과 겨울의 기온 차가 큰 편이며 연평균 기온은 11℃ 정도 된다.

인천은 원래 제물포라고 하는 작은 항구였다. 19세기 말 외국과의 무역이 활발해지면서 도시로 발달하기 시작했다. 근래에는 부천, 영종도, 강화도 등이 인천에 편입되어 현재의 규모로 커지게 되었다.

항구 도시 인천은 풍부한 관광 자원을 가지고 있다. 연안 부두의 횟집, 육지와 이어진 월미도는 사람들이 자주 찾는 곳이며 한국 최초의 근대식 공원인 자유 공원도 인기가 있다. 특히 공원 부근의 차이나타운은 인천의 대표적인 관광 명소로 자리 잡았다. 그 밖에 이국적인 풍경을 자랑하는 소래 포구, 한국 최초로 바닷물을 이용해 수로를 만든 송도 센트럴 파크 등도 모두 인기 있는 곳이다.

인천은 해상 운송 교통뿐만 아니라 철도와 도로 교통 등이 모두 발달했다. 1899년에 제물포와 서울의 노량진을 잇는 한국 최초의 철도가 개통되었고, 1968년에는 최초의 고속 도로인 경인 고속 도로가 개통되었다. 또한 2001년에 처음 문을 연 인천 국제공항은 전 세계 수많은 도시들을 항공편으로 연결하고 있다.

오늘날 인천은 외국인들도 자유롭게 경제 활동을 할 수 있는 경제 자유 구역으로 지정되면서 큰 변화의 길에 들어섰다. 쾌적한 환경과 주거, 교육, 업무, 휴양 시설을 골고루 갖춘 신도시가 개발되었고 이것이 세계적으로 알려지면서 인천은 국제적인 도시라는 이름을 얻고 있다. 그러나 이 개발로 인해 생긴 신도심과 구도심 간의 차이는 앞으로 인천이 해결해 가야 할 숙제로 남아 있다.

1 글을 읽고 알 수 <u>없는</u> 것을 고르십시오.

① 교통   ② 역사   ③ 관광 명소   ④ 문화 행사

2 다시 읽고 내용과 <u>다른</u> 것을 고르십시오.

① 이 도시는 한국의 광역시 중 면적이 가장 넓다.

② 이 도시에서 처음으로 철도와 고속 도로가 개통되었다.

③ 이 도시가 국제적인 도시로 알려진 이유는 외국인이 많이 살기 때문이다.

도시를 설명하는 글을 읽고 이해할 수 있습니까?	☆ ☆ ☆ ☆ ☆

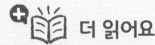 **더 읽어요**

● 다음은 여행 수필 중 일부입니다. 잘 읽고 질문에 답하십시오.

혼자서 찾아간 도시라면 무슨 생각부터 드는지? 나는 '걷는다'는 생각부터 든다. 아는 건 역 건물뿐이다. 그러므로 역에서 곧장 앞으로만 걷는다. 좌우로 방향을 틀면 헷갈리니까 계속 앞으로만 간다. 어느 정도 갔다 싶으면 돌아서서 역의 위치를 확인한다. 이제는 좌우의 골목을 탐색해도 된다. 역으로 돌아가는 길만 잊지 않으면 되는 것이다.

큰 길에서 점차 작은 길로 접어들면서 도시는 점점 흥미로워진다. 도시의 재미있는 것은 모두 뒷골목에 있으니까. 그렇게 시내를 쏘다녔지만, 버스를 탄 적은 거의 없다. 버스를 탄다는 건, 뭐랄까, 그 동네에 사는 사람이나 하는 일 같았다. 역 앞에 중심가가 있으니 대개 노선을 알아보느니 그냥 걷는 편이 더 나았다. 걸으면 한 골목이라도 더 가보게 되니까 혹시 도시를 탐색하고 있다면 일거양득인 셈이다.

(…)

이후 해외의 도시를 방문했을 때도 나는 마찬가지의 방법으로 도시를 여행했다. 자금성이나 대영박물관 혹은 브란덴부르크 문 같은 곳이 내게는 관광지가 아니라 기준점 같은 곳이었다.

　그곳을 구경하고 재빨리 다른 관광지로 이동하는 게 아니라 그 지점을 기준 삼아 하염없이 걷는 게 나의 여행법인 것이다. 서울의 뒷골목에서 빽판 가게나 헌책방을 발견하며 기뻐했듯이 외국의 도시에서도 가이드북에 나오지 않는 소소한 상점과 집을 보는 게 내겐 큰 즐거움이었다.

　그러다가 다리가 아프면 가까운 공원을 찾아가 벤치에 앉아서 쉰다. 어느 도시든 공원이 있고, 공원 시설의 일부인 양 비둘기와 노인들이 있다. 나 역시 원래부터 거기 있었던 사람처럼 가만히 앉아서 주위를 둘러본다. 중앙에 만든 지 오래된 분수가 물을 뿜는 곳도 있고, 한쪽에 아이와 젊은 엄마로 북적이는 놀이터가 자리하는 곳도 있다. 어떤 곳이든 나무가 있다. 그리고 내가 떠나온 곳과 다름없이 그 나뭇잎으로 하오의 햇살이 비춘다. 바로 그 순간이 '여기는 어디이며 나는 누구인가?'라는 의문이 드는 때다. 대개 여행의 목적은 그런 의문을 정면으로 바라보는 데 있으니까, 비로소 나는 목적지에 다다른 셈이다.

*김연수,《언젠가, 아마도》(컬처그라피, 2018), 156쪽

1) 이 사람이 도시를 여행하는 방법으로 알맞은 것을 고르십시오.

　① 이곳저곳을 걸어 다니며 도시를 살펴봄

　② 가이드북에 나오는 관광지 위주로 둘러봄

　③ 시내버스를 타고 현지 사람들의 생활 모습을 느낌

2) 다시 읽으며 다음 단어들을 찾아보고 의미를 추측하십시오.

　쏘다니다　　　뿜다　　　북적이다　　　비추다

기후와 환경

기후와 환경에 대한 글을 읽고 이해할 수 있다.

  생각해 봐요

● 다음을 보고 무엇을 강조하고 있는지 이야기하십시오.

지구를 위해 우리가
일상에서 할 수 있는
작은 노력들

텀블러 사용하기!
안 쓰는 콘센트 뽑기!
분리수거 하기!
손수건 사용하기!
대중교통 이용하기!

  읽어요 1

1 다음을 읽고 알맞은 말을 골라 문장에 맞게 쓰십시오.

강수량	일교차	뜨다	지다
고기압	저기압	태풍	이슬

1) 기온은 지표면의 공기 온도를 말한다. 하루의 기온은 아침부터 점차 올라가 오후 1시에서 3시 사이에 가장 높다. 그 후 점차 온도가 내려가 다음 날 해 _____ 전이 가장 낮다. 하루 중 최고 기온과 최저 기온의 차이를 _____(이)라고 한다.

2) 강수량은 땅 위에 떨어지는 비를 포함해 눈, 우박, _____, 서리, 안개 등 모든 물의 합친 양을 말한다. 적도 주변 지역은 여름과 겨울이 뚜렷이 구별되지 않지만, _____에 따라 건기와 우기로 구별한다.

3) 바람은 두 지역의 기압 차로 공기가 움직이는 것을 말한다. 기압이 주위보다 높으면 _____, 주위보다 낮으면 _____(이)라 부른다. 고기압일 때는 중심에서 바깥쪽으로 바람이 불어 나가고, 저기압일 때는 주위에서 중심 쪽으로 바람이 불어 들어온다. 그래서 바람은 고기압 지역에서 저기압 지역으로 불게 된다.

 읽어요 2

● 다음은 기후와 날씨를 설명하는 글입니다. 잘 읽고 질문에 답하십시오.

> 기후와 날씨는 어떻게 다른가? 기후는 '일정한 지역에서 여러 해에 걸쳐 나타난 기온, 비, 눈, 바람 따위의 평균 상태'를 말하며 날씨는 '그날그날의 기온, 비, 눈, 바람 따위가 나타나는 기상 상태'를 말한다. 쉽게 말해 날씨가 매일매일의 기상 변화라면 기후는 장기간에 걸친 날씨 변화의 종합이다. SF 작가인 로버트 A. 하인라인은 "기후는 앞일을 내다보는 것이고, 날씨는 지금 코앞에 닥친 것이다"라고 말했다.
>
> 기후와 날씨를 정확하게 이해하기 위해서는 이것이 사람들의 삶에 미치는 영향을 살펴보면 된다. 예를 들어 보자. 비가 내리면 우산을 쓰고 추워지면 따뜻한 옷을 입는다. 날씨에 반응하는 사람들의 모습이다. 지역에 관계없이 같은 반응을 보인다. 반면에 기후에 대한 반응은 (⊙). 사람들은 자기가 사는 지역의 기후에 맞는 생활 문화를 만들어 간다. 바람이 많이 부는 곳에서는 바람에 잘 견딜 수 있도록 집 주변에 담을 쌓는다. 눈이 많이 내리는 곳은 눈이 쌓이지 않고 흘러내리도록 지붕의 경사를 급하게 만든다. 기후에 적응해 집의 구조를 바꾼 것이다. 이것이 기후와 날씨의 차이점이다.

1 이 글에 나오지 <u>않은</u> 방식을 고르십시오.

① 정의   ② 비교   ③ 예시   ④ 분류

2 다시 읽고 ㉠에 들어갈 알맞은 표현을 고르십시오.

① 지역마다 다르다

② 전 지역이 동일하다

③ 마찬가지로 알 수 없다

 읽어요 3

● 다음은 환경 보호에 대한 글입니다. 잘 읽고 질문에 답하십시오.

전국에서 발생한 쓰레기가 하루 평균 43만t으로 역대 최고 기록을 세웠다. <가> <u>국민 1인당 한 해에 3t이 넘는 쓰레기를 버린 셈이다.</u> 쓰레기 급증의 주된 원인은 생활 쓰레기 증가로 무려 전년 대비 5%나 늘었다. 배달 문화가 확산되면서 포장재 사용이 늘어난 영향으로 보인다. 반면 쓰레기 처리 용량은 한계에 가까워지고 있다. <나> <u>생활 쓰레기를 묻을 매립 시설은 28% 정도밖에 용량이 남지 않았고, 쓰레기를 태워 없애는 소각 시설의 노후화도 심각하다.</u> 이대로 버리다가는 국토 곳곳에 쓰레기 산이 생길지도 모른다.

쓰레기 문제는 이제 피할 수 없는 ㉠<u>발등의 불</u>이다. 정부와 기업이 함께 쓰레기양을 줄이는 방안을 고민해야 한다. <다> <u>시민들도 플라스틱 용기에 묻은 음식물을 씻어 분리, 배출하는 등 쓰레기 재활용에 도움이 되는 작은 실천이 필요한 때이다.</u>

---

1 〈가〉~〈다〉 중 글쓴이의 '의견'에 해당하는 것을 고르십시오.

① 〈가〉   ② 〈나〉   ③ 〈다〉

2 다시 읽고 ㉠의 의미를 이야기하십시오.

기후와 환경에 대한 글을 읽고 이해할 수 있습니까?	☆ ☆ ☆ ☆ ☆ ☆

 더 읽어요

● 다음을 읽고 더운 여름날 주의해야 할 사항을 3가지 이상 찾으십시오.

> 연일 폭염과 열대야가 이어지면서 밤잠을 이루지 못하는 사람이 늘고 있다. 어젯밤 서울의 최저 기온은 28.6도로 열대야 기준(최저 기온 25도 이상)을 훌쩍 넘었다. 과한 냉방기 사용으로 감기 환자도 늘고 있다. 건강하게 여름을 나는 법을 소개한다.
>
> 무더위가 찾아오면 열사병을 조심해야 한다. 이를 예방하려면 물을 자주 마시고 무더운 오후 시간대 외출을 삼가야 한다. 양산이나 모자로 햇볕을 차단하고 헐렁하고 밝은 색깔의 옷을 입는 것이 좋다. 밤에 숙면을 취하려면 찬물 대신 미지근한 물로 샤워를 하는 게 낫다. 찬물로 씻으면 오히려 체온이 올라간다. 더운 날 많이 찾는 맥주나 아이스커피 등은 잠들기 전에 피하는 것이 좋다. 에어컨 등 냉방 기기를 가동할 때는 25~26도 정도로 맞추는 것이 좋다. 실내에서는 얇고 긴 옷을 준비해 냉기가 피부에 직접 닿지 않게 하는 것도 냉방병 예방에 도움이 된다.

읽기 12
사회 변화

 사회 변화에 대한 글을 읽고 이해할 수 있다.

 생각해 봐요

● 다음을 보고 무엇의 변화와 관련 있는지 이야기하십시오.

 읽어요 1

1 다음 통계 결과를 보고 적절한 표현을 고르거나 쓰십시오.

1)

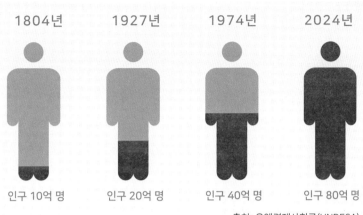

1804년	1927년	1974년	2024년
인구 10억 명	인구 20억 명	인구 40억 명	인구 80억 명

출처: 유엔경제사회국(UNDESA)

유엔경제사회국에 따르면/유엔경제사회국을 따라서 세계 인구는 1804년에 10억 명에 불과했다. 123년이 지난 1927년에는 그 두 배인 20억 명에 도달했다. 그 후 증가 속도가 점점 빨라지면서/많아지면서 40억 명에 도달하는 데에는 50년도 걸리지 않았다.

2)

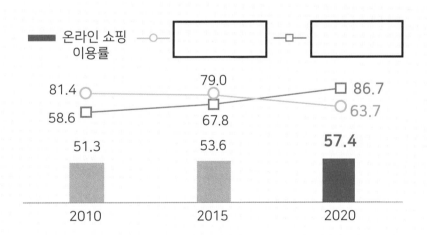

온라인 쇼핑 이용률이 증가하고 있다. 특히 모바일 기기를 이용한 쇼핑이 크게 늘었다. 2010년에는 PC를 모바일 기기보다 많이 이용했으나 모바일 기기 이용률은 점차 증가하고 PC 이용률은 감소하면서 2020년 모바일 기기 이용률이 PC 이용률을 넘어선 것으로 나타났다.

읽어요 2

● 다음은 잡지 기사입니다. 잘 읽고 질문에 답하십시오.

한국인들의 커피 사랑은 어느 정도일까. 한 조사 결과에 따르면 우리나라 성인이 가장 선호하는 음료는 커피(39.6%)인 것으로 나타났다. 우리나라 성인 1인당 커피 소비량은 연간 350잔으로 세계 평균 소비량의 약 3배에 달한다. 성인 1인당 연간 커피 소비량은 계속 증가해 왔다. 같은 기간 세계 평균 커피 소비량이 거의 변화가 없었던 것과 뚜렷하게 비교된다. 현재 전국에는 약 71,000개의 커피 전문점이 있다. 통계를 보면 10년 전 커피 전문점은 27,000개 정도였다. 국민 1인당 소득이 증가해 2만 달러를 넘은 2006년부터 전문점 커피를 찾는 사람이 늘었고 이에 따라 커피 전문점의 매장 수도 늘기 시작해 매년 10% 이상 증가해 온 것이다.

한국에서 커피 소비가 지속적으로 늘고 커피 전문점이 증가하는 이유는 뭘까. 이에 대한 다양한 의견이 있다. 일을 많이 하는 한국인들에게 카페인이 필요하기 때문에 그렇다며 바쁜 한국인의 삶과 연결하는 시각도 있고, 맵고 짠 한식과 달고 쓴 커피가 잘 어울려서라는 의견도 있다. 도시 공간 설계 전문가들은 카페가 많은 이유를 앉아서 쉴 곳이 부족하기 때문이라고 설명한다. 공원과 같은 휴식 공간이 충분하다면 돈이 드는 카페에서 쉬려는 사람이 이렇게까지 많지는 않을 것이라고 말한다.

1 글을 읽고 알 수 없는 것을 고르십시오.

① 커피 전문 매장 수의 변화

② 성인 한 명이 연간 커피에 지출하는 비용

③ 한국에 카페가 많은 이유에 대한 전문가의 의견

2 다시 읽고 내용과 <u>다른</u> 것을 고르십시오.

① 최근 세계적으로 커피 소비량이 증가하는 추세이다.

② 전문점 커피를 즐기게 된 것은 소득 증가와 관련이 있다.

③ 한국인 음료 선호도 조사 결과 커피가 1위를 차지했다.

 읽어요 3

● 다음은 반려동물에 대한 신문 기사입니다. 잘 읽고 질문에 답하십시오.

KU신문   20XX년 9월 5일

반려동물 가구 600만 시대, 반려동물 등록 필요해!

전체 가구의 약 28%인 630만여 가구가 반려동물을 키우는 것으로 나타났다. 농림축산식품부는 동물 보호에 대한 인식 및 반려동물 양육 현황을 파악하기 위해 지난 2006년부터 국민 의식 조사를 실시하고 있다. 조사에 따르면 반려동물 양육 가구의 비율이 2010년에는 17.4%, 2015년 21.8%, 2020년 27.7%로 꾸준히 증가한 것을 확인할 수 있다. 이는 관련 산업의 성장도 이끌고 있다. 동물 전용 미용실, 병원, 호텔은 물론 훈련이나 교육을 전문으로 하는 기관도 크게 늘었다. 반려동물 한 마리당 월 평균 양육 비용은 11만 7천 원으로 반려견은 17만 6천 원, 반려묘는 14만 9천 원으로 조사됐다. 국내 반려동물 산업 전체 규모를 보면 연간 3조 원에 달하는 것으로 나타났으며 매년 두 자리 수 이상의 높은 성장률을 보이고 있다.

그러나 외형적 성장의 이면에는 부작용도 만만치 않다. 대표적인 것이 동물 유기 문제다. 즉흥적으로 동물을 입양했다가 경제적 부담 등으로 인해 버려지는 동물의 수가 연간 만 마리에 가깝다. 이를 위해 최근 반려동물 등록 제도가 도입되었다. 성숙한 반려동물 문화를 만들어 가기 위해 적극적인 동참이 필요해 보인다.

1 글의 내용에 맞게 표를 완성하십시오.

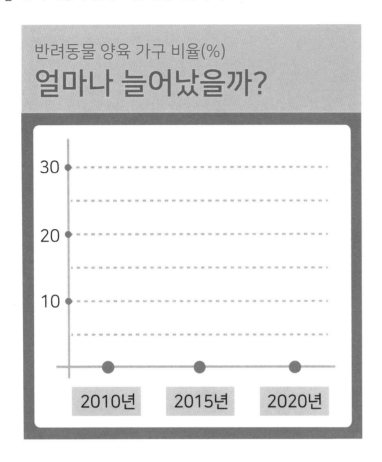

반려동물 양육 가구 비율(%)
얼마나 늘어났을까?

30
20
10

2010년   2015년   2020년

2 다시 읽고 내용과 같은 것을 고르십시오.

① 반려동물 관련 산업의 규모가 해마다 줄고 있다.

② 개보다 고양이의 양육 비용이 더 드는 것으로 나타났다.

③ 유기 동물 문제 해결을 위해 반려동물 등록 제도를 도입했다.

사회 변화에 대한 글을 읽고 이해할 수 있습니까?   ☆ ☆ ☆ ☆ ☆ ☆

더 읽어요

● 다음을 읽고 시대별 대표 명절 선물이 무엇인지 이야기하십시오.

감사의 마음을 담아 주고받는 명절 선물은 시대에 따라 변해 왔다. 명절 선물로 인기가 있었던 품목을 보면 그 시대 국민의 경제 상황과 생활 풍경을 알 수 있다. 예전엔 어떤 품목들이 명절 선물로 인기였을까?

1960~70년대 명절 선물은 설탕과 밀가루, 식용유 같은 생활필수품이 주를 이뤘다. 1980년대 들어 경제 사정이 조금 나아지면서 '명절 선물 세트'가 처음 등장했다. 과일이나 고기 등 각종 상품을 하나로 모아서 선물하기 시작한 것이다. 어린이들을 겨냥한 '과자 선물 세트'도 인기를 끌었다. 또한 선물의 종류가 다양해지기 시작했는데 스카프, 넥타이, 지갑 벨트 세트와 같은 잡화부터 고급 정육과 과일 세트까지 3,000여 종에 이르렀다. 1990년대 경제 위기 이후에는 실속 있는 선물이 대세였는데 주고받기 간편하고 받는 사람이 직접 원하는 것을 살 수 있는 상품권이 큰 인기를 누렸다. 2000년대에도 개인 성향을 존중하는 사회 분위기로 인해 상품권이 대표적인 선물로 인기를 끌었고 '웰빙' 트렌드에 맞춰 와인과 올리브유, 건강 기능 식품 등이 선물로 등장하기 시작했다. 최근에도 건강 기능 식품이 여전히 대세이며 스마트폰 앱에서 클릭 몇 번만 하면 보낼 수 있는 '기프티콘' 선물이 새로운 문화로 자리 잡게 되었다.

단어 퍼즐

● 다음 설명을 읽고 맞는 단어를 쓰십시오.

가로 문제

1. 식품 같은 상품이 시중에서 판매될 수 있는 기간. 내 사랑의 ○○○○은 3개월이다!

2. 빼놓지 않고 이것저것 다. 건강하게 살려면 음식을 ○○○ 먹어야 한다.

3. BTS. 7인조 아이돌 그룹. 한국인 최초 빌보드 차트 1위를 달성.

4. 비가 거의 내리지 않아 식물이 자라기 힘든 지역. 사하라 ○○.

5. 졸면서 하는 운전.

6. '네가 아는 것처럼'을 간단히 말하면 너도 ○○○○.

7. 남편과 아내가 모두 사회생활을 하며 돈을 버는 부부.

8. 구입한 물건을 다시 되돌려 보내는 것.

9. 우리 몸의 일부. 몸통 아래에 있음. 동화 속 인어 공주는 목소리와 ○○를 바꿨죠.

10. 술 마신 후 해장에 도움이 되는 음식. 음표(♩)처럼 생긴 재료로 만듦.

세로 문제

A. 이것을 할지 저것을 할지 빨리 결정을 못 내리는 성격. ○○○○하다.

B. 쉽게 포기하지 않고 꾸준히 하는 힘. ○○가 없어서 일을 끝까지 못할 때가 많다.

C. 바다에 사는 동물. 주둥이가 튀어나와서 웃는 것처럼 보임. 어린이들에게 인기가 많다.

D. 전통적인 한약과 한의술로 병을 고치는 사람.

E. 규모나 매출액이 대기업에 비하여 상대적으로 작은 기업.

F. 술을 많이 마심.

G. 한 번만 쓰고 버리도록 되어 있는 물건. 환경을 위해 ○○○○ 사용을 줄여야 한다.

H. 건강을 유지하는 데 필요한 운동량이 충분하지 않음. 자신이 ○○○○이라고 느끼면 걷기를 생활화하는 것이 좋다.

I. 감독이나 작가가 상상해서 만들어 낸 것이 아닌, 실제 있었던 일을 사실대로 찍은 영화.

J. 사람과 함께 살아가며 심리적으로 안정감과 친밀감을 주는 동물.

정답

1과 진로

● 읽어요 1
   1) ⑥   2) ⑤   3) ②
   4) ③

● 읽어요 2
   1 ①
   2 ②

● 읽어요 3
   1 ②
   2 ①

2과 소식과 정보

● 읽어요 1
   1) ⑥   2) ①   3) ②

● 읽어요 2
   1 ②
   2 ①

● 읽어요 3
   1 ①
   2 ②

● 더 읽어요
   5, 1, 2

3과 제품의 문제

● 읽어요 2
1

	A	B
가격	15만 원	16만 원
구성품	선글라스, 전용 케이스, 보증서	선글라스
사용 흔적	렌즈에 약간 있음	전혀 없음
택배 가능 여부	✕	◯

   2 구매하려는 상품 : B
   중요하게 생각하는 것 : 사용 흔적이 있는지
   없는지

● 읽어요 3
   1 ③
   2 ①, ③

● 더 읽어요
   ①

4과 유명 인사

● 읽어요 1
   1) 생애
   2) 평가
   3) 논란/비판
   4) 일화

● 읽어요 2
   1 ①
   2 ②

- 읽어요 3
  1 ③
  2 ③, ④

- 더 읽어요
  1) ○   2) ✕

5과   문화 차이

- 읽어요 1
  1) 무시하지
  2) 설득했다
  3) 배려하기 위해

- 읽어요 2
  1 〈가〉: 수를 글자로 쓰는 방법
      〈나〉: 수를 손가락으로 세는 방법
  2 ①

- 읽어요 3
  1 ②
  2 ①

- 더 읽어요
  1) ☑ 설날   ☐ 추석
  2) ☐ 설날   ☑ 추석

6과   설문 조사

- 읽어요 1
  1) ○   2) ✕

- 읽어요 2
  1 ①
  2 ②

- 읽어요 3
  1 ㉠ : ② 취업 청년 427명 대상
      ㉡ : ① 미취업 청년 1,131명 대상
  2

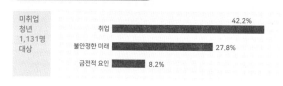

- 더 읽어요

 소극적인 성향의 사람은 영업 업무에 맞지 않는다.

 내성적인 성향의 사람도 성실하다면 영업 업무를 잘할 수 있다.

7과   건강 관리

- 읽어요 1
  1) 수시로
  2) 자세히
  3) 되도록

- 읽어요 2
  1 ①
  2 이겨 내다

- 읽어요 3
  1 ①
  2 〈가〉: 생활 습관 일기를 쓰는 것이 좋다
      〈나〉: 쉬운 일부터 시작해야 한다

〈다〉: 보상이 필요하다
〈라〉: 한두 번 실패했다고 포기하면 안 된다

- 더 읽어요
  1) 6　　　　　　2) 1　　　　　3) 2
  4) 4

8과　동물

- 읽어요 1
  1) ②　　　　　2) ①　　　　3) ⑦
  4) ④

- 읽어요 2
  1　③
  2　③

- 읽어요 3
  1　①
  2　①

- 더 읽어요
  1) ♡　　　　　2) ♡

9과　사건·사고

- 읽어요 1
  1) ②　　　　　2) ③　　　　3) ⑤
  4) ④

- 읽어요 2
  1　〈가〉: 화재 사고
  　〈나〉: 추락 사고
  　〈다〉: 도난 사건
  2
  1) ✕　　　　　2) ♡　　　　3) ♡

- 읽어요 3
  1　②
  2　①

10과　도시

- 읽어요 1
  1) ④　　　　　2) ⑥　　　　3) ②

- 읽어요 2
  1　〈가〉: 개요
  　〈나〉: 지리와 기후
  　〈다〉: 경제와 산업
  2　③

- 읽어요 3
  1　④
  2　③

- 더 읽어요
  1) ①

11과　기후와 환경

- 읽어요 1
  1) 뜨기, 일교차
  2) 이슬, 강수량
  3) 고기압, 저기압

- 읽어요 2
  1　④
  2　①

- 읽어요 3
  1　③
  2　어떤 일이 가까이 닥쳐서 급해졌다

● 더 읽어요

● 다음을 읽고 더운 여름날 주의해야 할 사항을 3가지 이상 찾으십시오.

> 연일 폭염과 열대야가 이어지면서 밤잠을 이루지 못하는 사람이 늘고 있다. 어젯밤 서울의 최저기온은 28.6도로 열대야 기준(최저기온 25도 이상)을 훌쩍 넘었다. 과한 냉방기 사용으로 감기 환자도 늘고 있다. 건강하게 여름을 나는 법을 소개한다.
>
> 무더위가 찾아오면 열사병을 조심해야 한다. 이를 예방하려면 물을 자주 마시고 무더운 오후 시간대 외출을 삼가야 한다. 양산이나 모자로 햇볕을 차단하고 헐렁하고 밝은 색깔의 옷을 입는 것이 좋다. 밤에 숙면을 취하려면 찬물 대신 미지근한 물로 샤워를 하는 게 낫다. 찬물로 씻으면 오히려 체온이 올라간다. 더운 날 많이 찾는 맥주나 아이스커피 등은 잠들기 전에 피하는 것이 좋다. 에어컨 등 냉방 기기를 가동할 때는 25~26도 정도로 맞추는 것이 좋다. 실내에서는 얇고 긴 옷을 준비해 냉기가 피부에 직접 닿지 않게 하는 것도 냉방병 예방에 도움이 된다.

12과 사회 변화

● 읽어요 1

1) 유엔경제사회국에 따르면, 빨라지면서

2)

● 읽어요 2

1 ②

2 ①

● 읽어요 3

1

2 ③

		A우		B끈				C돌		
	1유	통	기	한	D		2골	고	루	
	E중	부			의			래		
3방	탄	소	년	단		사	막			
	기								G일	
	업		F과						회	
		5졸	음	H운	전				용	
6알	I다	시	피	동			8반	품		
	큐		7맞	벌	이	부	부	려		
	멘			족				동		
9다	리					10콩	나	물	국	

고려대
재미있는
한국어 ④

읽기 Reading

초판 발행	2021년 12월 10일
초판 2쇄	2024년 2월 8일

지은이	고려대학교 한국어센터
펴낸곳	고려대학교출판문화원
	www.kupress.com
	kupress@korea.ac.kr
	02841 서울특별시 성북구 안암로 145
	Tel 02-3290-4230, 4232
	Fax 02-923-6311
유통	한글파크
	www.sisabooks.com/hangeul
	book_korean@sisadream.com
	03017 서울시 종로구 자하문로 300 시사빌딩
	Tel 1588-1582
	Fax 0502-989-9592
일러스트	황인옥, 황주리
편집디자인	한글파크
찍은곳	(주)대한프린테크
ISBN	979-11-90205-00-9 (세트)
	979-11-91161-16-8 04710

값 12,000원